초등쌤이 알려주는 세세하게
세계 수도의 비밀

초등쌤이 알려주는 세세하게
세계 수도의 비밀

1판 1쇄 펴낸 날   2023년 10월 6일
1판 6쇄 펴낸 날   2025년 8월 8일

지은이   이동은
그린이   한규원(필움)
디자인   최한나

펴낸이   박현미
펴낸곳   (주)이북스미디어
출판등록 2022년 4월 25일(제2022-000038호)
주소   서울시 용산구 임정로 11길 4
전화   031-943-9055
팩스   0505-903-5003
전자우편 admin@yibooks.co.kr

© 이동은·한규원(필움), 2023
ISBN 979-11-983547-2-3 74710
     979-11-979285-8-1 (세트)

• 각국의 면적은 2020년 국토교통부, GDP는 2021년 한국은행, 인구는 2023년 통계청 자료를 기준으로 삼았습니다.

• 이 책은 저작권법에 의해 보호를 받으며 본사의 허락없이 복제 및 스캔 등을 이용해
  무단으로 배포할 수 없습니다. 책의 내용을 재사용하려면 반드시 동의를 구해야 합니다.

• 잘못된 책은 구매처에서 교환해 드립니다.
• 책값은 뒤표지에 표시되어 있습니다.

초등쌤이 알려주는 세세하게

세계 수도의 비밀

이북스
미디어

작가의 말

　우물 안 개구리라는 말을 들어본 적이 있나요? 우물 안에 살고 있는 개구리는 이 세상에 있는 아름다운 초록색 풀과 형형색색 아름다운 꽃들을 볼 수 있을까요?

　다문화 교육이 필수 교육 과정이 되는 요즘입니다. 그 이유는 무엇일까요? 세계의 교류가 활발해지면서 서로 다른 문화가 공존하는 현실에서 상호 존중하는 태도가 중요해졌기 때문입니다. 여러 인종이 함께 어울릴 수 있는 축제를 여는 나라, 오로라를 볼 수 있는 나라, 이동식 천막을 짓는 나라, 빈번한 지진에 대비하기 위한 건물을 짓는 나라, 돼지고기를 먹지 않는 나라…….

　다르기에 아름답고 다르기에 배울 수 있고 같기에 행복하고 같기에 공감할 수 있습니다. 서로에 대한 존중은 아이를 성장시킬 수 있고 다른 나라를 사랑의 눈으로 보는 것을 넘어서 같은 교실에 있는 친구들의 이야기를 경청하고 존중할 수 있죠. 이야기가 없는 나라는 없습니다. 각 나라의 설명을 읽으면서 다른 나라를 이해하게 되고 관점이 넓어져 우물에서 벗어나 풀과 나무가 있는 세상을 힘차게 걸어 다니는 어른으로 자랄 것입니다.

이 책은 지구 여섯 대륙의 여러 나라와 수도에 관련된 이야기를 네 컷 만화로 쉽고 재미있게 설명합니다. 우리나라부터 세계 각국의 자연환경, 역사적 배경, 유명한 인물, 랜드마크, 음식 등에 관한 이야기를 만화와 글로 읽으면서 지식은 깊어지고 다문화 감수성이 높아집니다. 또한 아이들이 좋아하는 국기에 담긴 뜻과 여러 상징을 이해하면서 각 나라가 가진 매력을 힘껏 느끼게 됩니다.

'달라도 괜찮아.' '다르기에 서로가 필요해.'라는 말보다 각 나라가 가진 보석들을 찾아가며 아이들은 이를 스스로 깨달을 수 있을 것입니다.

— 작가 이동은, 한규원

차례

1장 아시아의 수도

1. 꺾이지 않는 마음 **베트남**과 수도 **하노이** ············· 014
2. 눈부시게 변화하는 **대한민국**과 수도 **서울** ············· 018
3. 위기에 강한 나라 **일본**과 수도 **도쿄** ············· 022
4. 역사의 보존과 발전을 위한 공존 **중국**과 수도 **베이징** ············· 026
5. 깊은 전통과 경제적 발전 그 사이에 위치한 **인도**와 수도 **뉴델리** ············· 030
6. 아름다운 자연과 역사적 유산을 지닌 **몽골**과 수도 **울란바토르** ············· 034
7. 다양성 속의 통합 **인도네시아**와 수도 **자카르타** ············· 038
8. 이슬람교의 중심지와 석유의 나라 **사우디아라비아**와 수도 **리야드** ············· 042
9. 탐험과 모험의 나라 **네팔**과 수도 **카트만두** ············· 046
10. 아시아의 대표적 관광 대국 **태국**과 수도 **방콕** ············· 050

2장 유럽의 수도

1. 그리스 로마 신화의 나라 **그리스**와 수도 **아테네** ············· 056
2. 풍차와 튤립의 나라 **네덜란드**와 수도 **암스테르담** ············· 060
3. 울림이 있는 나라 **독일**과 수도 **베를린** ············· 064
4. 역사적 변동의 과정 **러시아**와 수도 **모스크바** ············· 068
5. 알프스 소녀 하이디가 살 것 같은 나라 **스위스**와 수도 **베른** ············· 072
6. 세계적인 중심지 **영국**과 수도 **런던** ············· 076
7. 유럽 역사의 시작 **이탈리아**와 수도 **로마** ············· 080
8. 역사를 기억하고 기념하는 **프랑스**와 수도 **파리** ············· 084
9. 행운의 나라 **스웨덴**과 수도 **스톡홀름** ············· 088
10. 태양의 나라 **스페인**과 수도 **마드리드** ············· 092

3장 아프리카의 수도

1. 과거의 어려움을 극복하고 성장한 **가나**와 수도 **아크라** ················ 098
2. 균형과 발전의 숙제를 가진 나라 **나이지리아**와 수도 **아부자** ············ 102
3. 무지개의 나라 **남아프리카 공화국**과 **세 개의 수도** ···················· 106
4. 역사를 기억하고 보존하는 **모로코**와 수도 **라바트** ···················· 110
5. 문화에 대한 자긍심을 가진 나라 **에티오피아**와 수도 **아디스아바바** ······ 114
6. 고대 문명의 보물 **이집트**와 수도 **카이로** ···························· 118
7. 동물과 인간이 공존하는 나라 **케냐**와 수도 **나이로비** ·················· 122
8. 음악으로 하나 되는 나라 **콩고 공화국**과 수도 **브라자빌** ··············· 126

4장 남아메리카 수도

1. 평화와 열정의 나라 **브라질**과 수도 **브라질리아** ······················ 132
2. 다양한 색깔을 지닌 나라 **아르헨티나**와 수도 **부에노스아이레스** ········ 136
3. 우리나라에서 가장 먼 **우루과이**와 수도 **몬테비데오** ·················· 140
4. 바다와 음악의 나라 **자메이카**와 수도 **킹스턴** ························ 144
5. 다채로운 나라 **칠레**와 수도 **산티아고** ······························ 148
6. 서로에 대한 존중이 있는 나라 **콜롬비아**와 수도 **보고타** ··············· 152
7. 카리브해의 진주 **쿠바**와 수도 **아바나** ······························ 156
8. 신비로운 나라 **페루**와 수도 **리마** ·································· 160

5장 북아메리카 및 오세아니아의 수도

1. 자유와 기회의 땅 **미국**과 수도 **워싱턴 D.C.** ························· 166
2. 단풍잎의 나라 **캐나다**와 수도 **오타와** ······························ 170
3. 고유한 문화를 깊이 간직한 **멕시코**와 수도 **멕시코시티** ··············· 174
4. 아름다운 천상의 나라 **그린란드**와 수도 **누크** ························ 178
5. 자연의 나라 **뉴질랜드**와 수도 **웰링턴** ······························ 182
6. 캥거루와 코알라의 나라 **호주**와 수도 **캔버라** ························ 188

등장인물

1장
아시아의 수도

아시아의 수도 ①

ㅎㄴㅇ

 **베트남**

- **언어** – 베트남어
- **화폐단위** – 베트남 동(VND, ₫)
- **면적** – 3,313만 4천ha(세계66위)
- **인구** – 9,885만 8,950명(세계16위)
- **GDP** – 3,626억 3,752만 달러 (세계40위)
- **종교** – 불교 12%, 가톨릭 7% 등

베트남의 위치

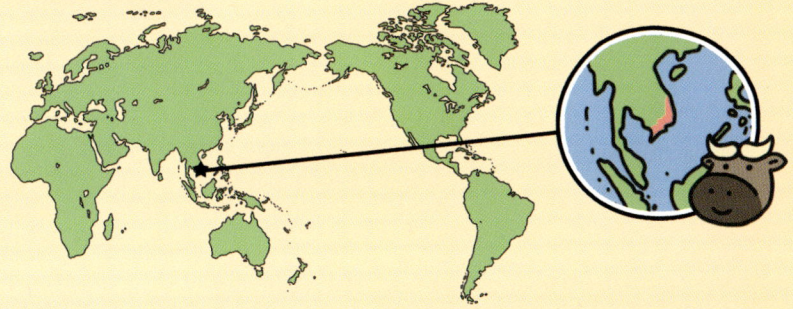

• 동경 102.09°~109.30°, 북위 8.10°~23.24°, 동남아시아 인도차이나반도 동부에 위치

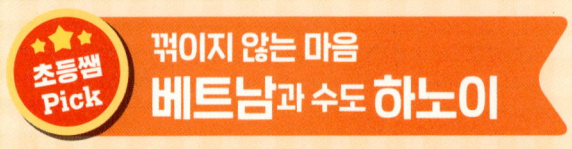

씬 짜오(Xin chào)~!

 베트남이 아시아 어디에 위치하는지 알고있나요? 베트남은 동남아시아의 인도차이나 반도 동부에 있는 국가로 남북으로 긴 지형이 특징입니다. 우리나라 크기와 비교하면 한반도의 1.5배 크기라고 합니다. 베트남의 정식 명칭은 베트남 사회주의 공화국으로 당이 공산당 하나뿐인 사회주의 공화제예요. 우리나라엔 여당과 야당처럼 여러 당이 존재하는데, 베트남은 공산당 하나뿐이라는 의미이죠. 베트남 하면 쌀국수가 떠오르죠? 그 이유는 바로 베트남의 지리적 특징에 있답니다. 대부분 베트남 국민들은 길게 발달한 해안 근처나 평지의 농촌에 살며 농사를 짓습니다. 쌀을 경작하기 위한 최적의 자연환경을 갖추고 있어 한 해 쌀 생산량은 베트남의 전체 농업 생산량의 절반에 육박하죠.

 베트남의 수도는 조금 헷갈려요. 하노이도 수도라고 들어봤고, 호찌민도 그래요. 그 이유는 과거 두 도시 모두 수도였었기 때문이에요. 과거 베트남은 분단국가였습니다. 일본의 지배를 받던 베트남은 제2차 세계 대전이 끝난 후 독립하였으나 프랑스, 미국 등의 개입으로 남과 북으로 나누어졌죠. 그 과정에서 베트남 남쪽의 수도는 호찌민이 되었고, 베트남 북쪽의 수도는 하노이가 되었습니다. 마치 우리나라 서울과 평양처럼 말이죠. 이후 베트남은 통일을 위해 미국과 11년 동안 전쟁을 했고, 끝내 전쟁에서 이겨 1976년 통일되었습니다. 그리고 통일된 베트남의 수도를 하노이로 정했어요. 이러한 역사적 과정에서 성장한 호찌민과 하노이 모두 베트남에서 인구 밀집, 경제력, 도시 발전 수준이 가장 높은 도시입니다. 이에 베트남의 수도인 하노이는 정치 수도, 호찌민은 경제 수도의 역할을 하게 되었답니다.

베트남의 국기

붉은색 바탕에 노란 별로 이루어진 금성홍기(황성적기). 베트남 독립운동 당시에는 붉은 색은 독립을 위해 흘린 피, 노란색은 베트남인의 인종(황인종)을, 별의 오각은 각각 사농공상병(士農工商兵)의 다섯 인민을 나타낸다고 되어 있으나, 통일 이후에는 별은 베트남 공산당의 리더십, 붉은색은 프롤레타리아 혁명을 나타내는 것으로 국기의 뜻이 바뀌었다.

아시아의 수도 ②

ㅅ ㅇ

 **대한민국**

- 언어 – 한국어
- 화폐단위 – 대한민국 원(KRW, ₩)
- 면적 – 1,004만 1,259.87ha(세계108위)
- 인구 – 5,155만 8,034명(세계29위)
- GDP – 1조 8,102억 달러(세계10위)
- 종교 – 무교 56.1%, 기독교 27.6%, 불교 15.5% 등

대한민국의 위치

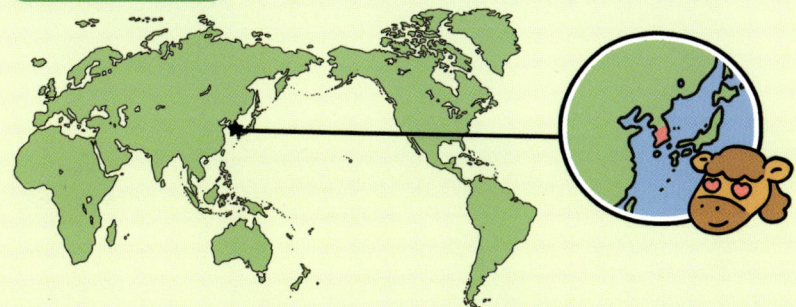

- 동경 125.11°~131.86°, 북위 33.12°~38.58°, 동북아시아에 위치

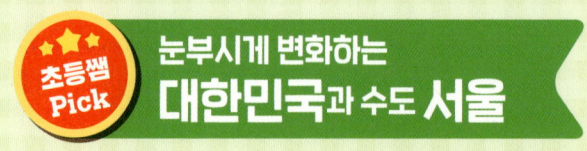

안녕하세요!

우리가 살고 있는 대한민국 그리고 수도 서울에 대해 얼마나 많이 알고 있나요? 애기애타(愛己愛他)라고 하였습니다. 나를 사랑해야 타인을 사랑할 수 있는 것처럼 우리나라를 알아보도록 해요. 대한민국은 아시아 대륙 동쪽 끝에 있는 국가로서 반도국입니다. 반도란 육지가 바다에 길게 돌출하여 삼면이 바다로 둘러싸여 있는 부분을 말하죠. 지금 우리가 살고 있는 대한민국이 되기까지 많은 과정과 역사가 있었답니다. 1950년 한국전쟁으로 우리는 분단국가로 남아있죠. 1960년대 이후 전쟁으로 피폐해진 농경사회에서 고도의 발전을 하고 산업화한 국가로 변모하여 눈부신 경제성장을 이룬 포기하지 않는 의지의 국가입니다.

이런 대한민국의 수도는 바로 서울이죠. 서울은 백제 건국 초기에 처음으로 우리 역사에 수도로 등장하였습니다. 그때부터 고구려, 백제, 신라는 서울을 차지하기 위해 치열한 전투를 벌였죠. 그 이유는 무엇일까요? 바로 서울의 지리적 특징 때문인데요. 서울은 넓은 평야와 함께 한강이 가로지르고 사방이 산으로 둘러싸여 있어 농사를 짓기도 좋고 적의 침략을 막기에도 좋은 자연환경입니다. 이런 특징 때문에 지금까지 우리의 수도인 것이죠. 서울은 대한민국의 최대 도시이고 정치, 경제, 문화, 사회의 중심지이면서 과거와 현재가 조화를 이루고 있는 곳이기도 합니다. 조선 시대 태종 때 지어진 창덕궁은 유네스코 세계문화유산으로 지정되었으며 이 밖에도 조선 5대 궁궐 경복궁, 창경궁, 경희궁, 덕수궁이 있죠. N서울타워는 남산타워라고도 부르며 원래는 방송국의 전파 송출을 위한 종합 전파 탑으로 건설했지만, 지금은 서울의 전망을 볼 수 있는 문화와 상업 복합 공간으로 보수되어 서울의 랜드마크가 되었어요. 과거를 품으면서 끝없이 발전하는 서울, 참 아름답죠!

대한민국의 국기

대한민국을 상징하는 태극기는 흰 바탕에 가운데 태극 문양이 있다. 태극은 음(파랑)과 양(빨강)의 조화를 상징하고, 네 모서리에 그려진 건곤감리의 4괘는 각각 동서남북과 하늘·땅·물·불을 상징하며, 태극을 중심으로 통일의 조화를 이룬다.

아시아의 수도 ③

ㄷ ㅋ

 **일본**

- **언어** – 일본어
- **화폐단위** – 일본 엔(JPY, ¥)
- **면적** – 3,779만 7,400ha(세계62위)
- **인구** – 1억 2,329만 4,513명(세계12위)
- **GDP** – 4조 9,374억 2,188만 달러 (세계3위)
- **종교** – 무교 67%, 불교 31%, 신도 (Shintoism) 2%, 기독교 1% 등

일본의 위치

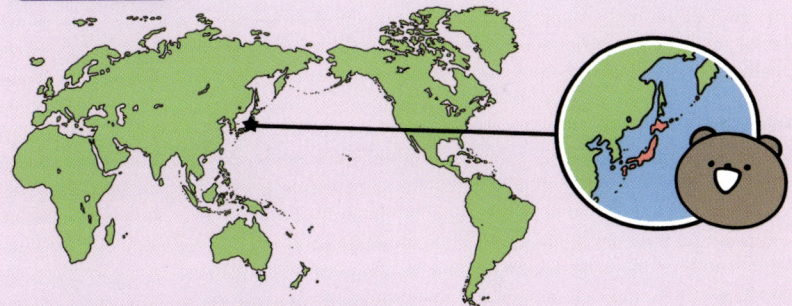

- 동경 136°, 북위 35°, 동해와 북태평양 가운데 위치

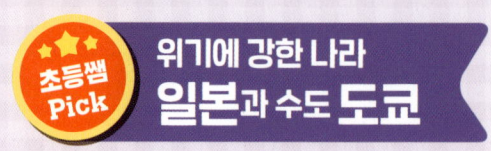

곤니찌와(こんにちは)~!

일본은 어떤 특징을 가진 나라일까요? 우리나라와 굉장히 가까우며 아시아 대륙 동쪽에 위치한 섬나라입니다. 홋카이도, 혼슈, 시코쿠, 규슈 네 개의 큰 섬으로 이루어졌습니다. 북동에서 남서 방향으로 길게 이어져 있기 때문에 생기는 기후적 특징이 있습니다. 하나의 나라지만 홋카이도는 냉대기후이고 오키나와는 아열대기후로 다양한 기후적 차이를 가지고 있죠. 우리나라와는 달리 입헌군주제와 의원내각제로 국가 원수인 천황과 수상이 존재합니다. 군주제는 국가의 최고 권력을 가진 군주가 국가의 일을 결정하고 시행하는 제도를 말하죠. 국민이 대통령을 뽑는 공화제와는 다르답니다. 군주에게 절대적인 권력의 집중을 막기 위해 등장한 것이 입헌군주제입니다. 천황은 상징적인 존재이고, 실질적인 통치는 선거에서 뽑힌 총리 등에 의해 구성된 내각을 통해 이루어집니다.

우리나라와 가깝지만 많은 차이를 가지고 있는 일본의 수도는 도쿄입니다. 도쿄는 일본의 정치, 경제, 문화, 교육, 금융, 교통의 중심지로 1천 만이 넘는 인구가 살고 있고 뉴욕, 런던과 함께 세계 3대 도시 중 하나입니다. 일본은 태평양 지진대에 속하여 지진이 빈번하게 일어나죠. 이에 도쿄에서는 이런 지진을 대비하기 시스템을 갖춘 건물을 짓는답니다. 대표적으로 스카이트리가 있습니다. 634m로 세계에서 두 번째로 높은 빌딩입니다. 지진을 대비하기 위한 내진 구조와 경보 시스템과 진동 감지기 등을 갖추고 있답니다. 서울의 N서울타워처럼 전파 탑이며 도쿄의 모습을 전망할 수 있고 관광과 상업시설 또한 갖추고 있답니다. 가깝기에 비슷한 점도 많지만 다른 점도 많은 나라이며 위기에 대처하는 과정에서 성장하는 수도 도쿄였습니다.

일본의 국기

일장기는 백색 바탕에 태양을 상징하는 붉은 원을 그려넣었다. 일장기의 붉은색은 활력, 백색은 신성과 순결을 의미한다. 일장기가 공식 명칭이나, 전통적으로 부르던 이름인 히노마루(日ひの丸まる)가 더 널리 쓰인다. 일본의 의미가 '태양이 떠오르는 땅'이라고 한다. 일장기는 태양이 떠오르는 일출 장면을 연상시킨다.

아시아의 수도 ④

ㅂ ㅇ ㅈ

 **중국**

- **언어** – 중국어
- **화폐단위** – 위안(CNY, ¥)
- **면적** – 9억 6천만 1,290ha (세계4위)
- **인구** – 14억 2,567만 1,352명 (세계2위)
- **GDP** – 17조 7,340억 6,265만 달러 (세계2위)
- **종교** – 무교 / 중국전통신앙 73%, 불교 15%, 기타 등

중국의 위치

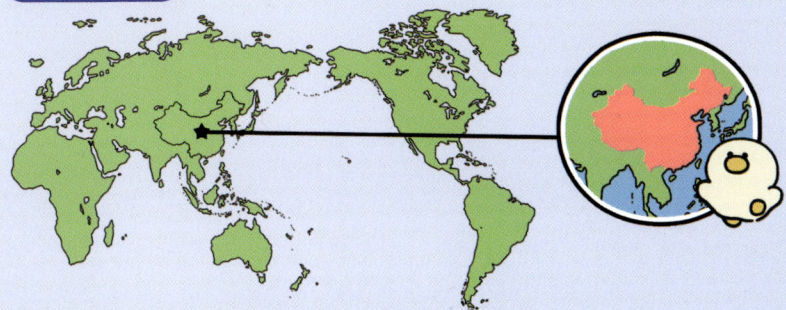

• 동경 73.59°~134.54°, 북위 18.22°~53.43°, 동아시아에 위치

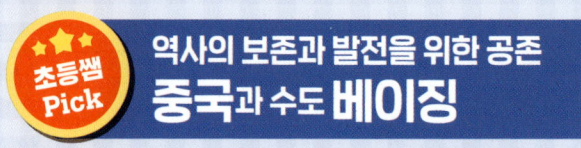

니 하오(你好)~!

중국은 아시아 동부에 위치한 나라로 14억 명이라는 인구와 한반도 크기의 44배로 광대한 국토를 가지고 있는 나라입니다. 800만 년 전 칭장고원이 융기하여 거대한 지각 운동으로 중국의 지형이 형성되었답니다. 융기란 지각 전체 또는 일부가 서서히 상승하는 현상을 말하죠. 이렇게 형성된 중국의 지형은 서고동저입니다. 우리나라는 동고서저의 지형인데 이와는 반대로 서쪽이 높고 동쪽이 낮은 계단 형태이죠. 가장 높은 1단계 계단은 해발 4,000m 이상으로 중국에서 가장 높은 산과 고원으로 이루어져 세계의 지붕이란 별명을 가지고 있답니다. 또 중국은 깊은 역사가 있습니다. 그 역사는 황허문명에서 시작했습니다. 세계 4대 문명 중 하나로 중국 황허 유역의 비옥한 황토 지대에서 시작하여 마을이 형성되고 점차 나라의 모습을 갖추게 되었죠.

중국의 수도 베이징은 명나라 때 수도로 지정되었으며, 중국의 천년고도라 부를 만큼 역사의 흔적이 많이 남아있습니다. 그 중 대표적인 것이 자금성이랍니다. 자금성은 명, 청나라의 궁전으로 고궁이라고 부릅니다. 우리나라의 경복궁처럼요. 자금성은 아주 오래되었지만 성벽, 기와, 내부가 훼손되지 않고 보존되어 있다는 것에서 역사적인 가치가 크답니다. 세계에서 가장 큰 규모의 궁전이며 방 개수는 무려 9천 개입니다. 어마어마하게 크죠? 이에 세계문화유산으로 지정되었답니다. 역사 속 모습을 기억하는 자금성과 반대로 베이징 동쪽의 모습은 어떨까요? 세계의 시장으로 발전하고 있는 세계 2위 경제 대국인 만큼 경제 개발 지역에는 전 세계 유명 기업의 본사가 몰려 있답니다. 역사의 보존과 성장을 위한 모습이 함께 어울려 있는 베이징이랍니다.

🌟 중국의 국기

오성홍기라고 부르며, 빨간 바탕에 큰 별 하나와 작은 별 네 개로 구성되어 있다. 큰 별은 중국 공산당을 뜻하며 네 개의 작은 별은 노동자, 농민, 소자산 계급과  민족 자산 계급을 나타낸다. 빨간색은 공산주의와 혁명, 노란색은 광명을 뜻한다. 네 개의 작은 별은 큰 별은 중심으로 모여있는데, 이는 중국 공산당의 리더십과 인민의 대단결을 상징한다.

아시아의 수도 5

ㄴ ㄷ ㄹ

 **인도**

- **언어** – 힌디어(40%)외 14개 공용어, 영어(상용어)
- **화폐단위** – 인도 루피(INR, Rs)
- **면적** – 3억 2,872만 6천ha(세계7위)
- **인구** – 14억 2,862만 7,663명(세계1위)
- **GDP** – 3조 1,733억 9,759만 달러 (세계6위)
- **종교** – 힌두교 80.5%, 이슬람교 13.4%, 기독교, 시크교, 불교 등

인도의 위치

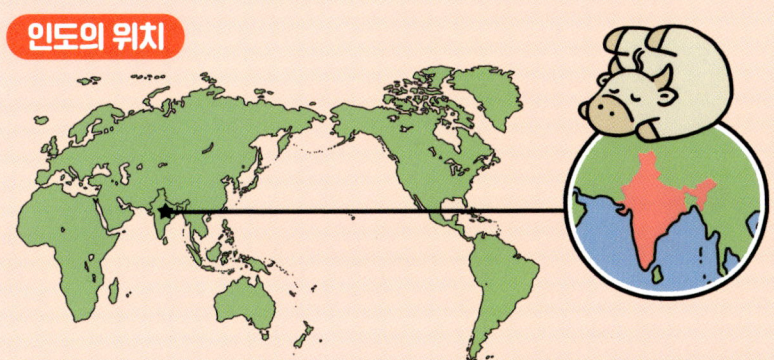

- 동경 68°~97°, 북위 8°~37°, 남아시아에 위치

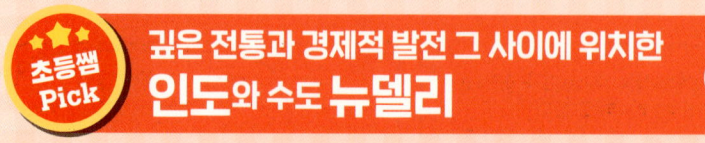

나마스떼(नमस्ते)~!

　인도는 남부 아시아에 있는 나라로 정식 명칭은 인도 공화국입니다. 최근 인도의 인구는 중국을 넘어 세계 1위가 되었대요. 그리고 그 인도 인구의 80%가 힌두교를 믿는답니다. 인도에서 종교는 생활의 가장 중요한 지침이 되며 많은 영향을 주고 있어요. 인도 사람들은 여전히 전통 의상인 사리와 도티를 즐겨 입어요. 마치 시간이 멈춘 것처럼 독특한 생활방식을 고수하고 있죠. 그러면서도 미국 실리콘밸리의 첨단 기업의 CEO 중엔 인도 출신이 많아요. 이렇게 인도는 전통과 미래가 잘 어우러져 있죠. 또 타지마할처럼 세계에서 가장 아름다운 건축물을 갖고 있어요. 이 아름다운 무덤은 유세스코 세계문화유산으로 지정되었답니다. 이처럼 인도는 전통 풍습이 많이 남아 있는 동시에 경제적 성장의 잠재력도 많은 나라입니다.

　인도의 수도 뉴델리로 떠나볼까요? 뉴델리는 인도 북부에 있는 갠지스강 지류인 야무나강 연안에 위치합니다. 인도가 영국의 식민지 지배에서 독립을 선언한 이후 뉴델리는 인도의 수도로 공식

적으로 지정되었답니다. 뉴델리는 정치적, 행정적, 문화적 중심지로서 인도의 다양한 역사와 문화를 만나볼 수 있는 곳입니다. 인도하면 떠오르는 인물은 누구일까요? 바로 간디예요. 인도의 모든 화폐에 그의 초상이 그려져 있을 만큼 간디에 대한 인도인들의 존경심은 굉장히 크죠. 간디는 인도의 정치 지도자로서 비폭력주의와 민족주의를 외치며 인도의 독립운동을 이끈 인물이랍니다. 무력을 사용하지 않는 비폭력 저항을 강조했고, 세계적으로 큰 영향을 끼치는 계기가 되었죠. 뉴델리에 위치한 국립 간디 박물관에는 간디의 업적과 유품 등이 전시되어 있으니 꼭 들러보세요.

인도의 국기

주황색(샤프란), 하얀색, 초록색 세 가지 색으로 구성된 가로 줄무늬 가운데에는 아소카 차크라(24개의 축을 가진 파란색 법륜)가 그려져 있다. 주황색은 용기와 헌신을, 하얀색은 진리와 평화를, 초록색은 믿음과 번영을 의미하며, 파란색 법륜은 마우리아 제국의 황제였던 아소카의 사자상에 새겨져 있는 법륜에서 유래되었다.

아시아의 수도 ⑥

ㅇ ㄹ ㅂ ㅌ ㄹ

 **몽골**

- **언어** – 몽골어
- **화폐단위** – 몽골 투그릭(MNT, ₮)
- **면적** – 1억 5,641만 1,574.9ha(세계18위)
- **인구** – 344만 7,157명(세계132위)
- **GDP** – 150억 9,802만 달러 (세계120위)
- **종교** – 라마교 53%, 이슬람교 3% 등

몽골의 위치

- 동경 87°~119°, 북위 41°~52°, 중앙아시아에 위치

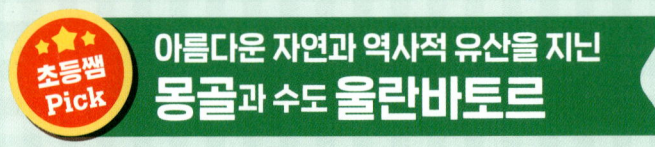

사인 바이노(САЙН БАЙНА УУ)~?

몽골은 아시아 대륙의 중앙부에 있는 아름다운 나라입니다. 넓고 푸른 초원과 잘 보존된 자연환경으로 유명하죠. 몽골에는 스텝 지역이 있답니다. 스텝 지역은 전통적으로 유목민의 생활 터전이 된 공간으로 사막 주변에 넓게 펼쳐져 있는 초원을 뜻하죠. 이곳에서는 목축과 농사가 주로 이루어지며 많은 사람이 가축을 기른답니다. 현재는 몽골 사회에서는 대부분 사람이 정착 생활을 하지만 과거 몽골에서는 가축들과 함께 계절마다 이동하면서 생활하는 유목민들이 있었답니다. 이들은 이동식 천막인 '게르'를 사용해 임시 거주지를 만들었죠. 게르는 해체와 조립이 간단해서 만드는 데 30분밖에 걸리지 않는다고 합니다. 또 몽골은 역사적으로 크고 힘센 몽골 제국으로 유명하답니다. 13세기에는 세계를 통치한 강력한 몽골 제국을 만든 칭기즈 칸이라는 위대한 왕이 있었죠. 그때 몽골은 세계에서 가장 큰 제국이었답니다.

몽골의 수도는 울란바토르입니다. 울란바토르는 몽골어로 붉은 영웅이라는 뜻을 가지고 있습니다. 20세기 초반 몽골은 중국의 영향을 받고 있었으며 중국이 지배하고 있었습니다. 이때 다미린 수흐바타르는 몽골의 독립과 자주적인 통치를 위해 노력하였고, 몽골 내 독립운동을 이끌며 중국의 지배에서 벗어나려고 했습니다. 이에 1921년 중국의 영향에서 벗어나 독립을 달성했죠. 이렇게 수흐바타르는 몽골의 독립과 민주주의를 실현한 영웅적인 인물입니다. 이에 몽골의 수도인 울란바토르는 그의 이름을 따서 지어졌답니다. 수도의 중심에는 몽골의 랜드마크 수흐바타르 광장이 있고 중앙에서 대형 칭기즈 칸 동상 또한 만나볼 수 있답니다.

몽골의 국기

몽골 국기는 세로로 세 개의 줄무늬로 구성되어 있다. 양쪽에는 빨간색 줄무늬, 가운데에는 파란색 줄무늬가 있다. 가장 왼쪽 줄무늬 중앙에는 몽골의 전통적인 소욤보 기호가 있다.  소욤보는 몽골의 고유 문자로 불은 영원한 성장, 태양과 달은 우주, 두 개의 삼각형은 적을 무찌르고, 세로로 된 두 개의 직사각형은 몽골 민족의 정직함, 태극은 음과 양의 조화, 가로로 된 두 개의 직사각형은 단결과 힘을 의미한다.

아시아의 수도 ⑦

ㅈ ㅋ ㄹ ㅌ

 인도네시아

- **언어** – 인도네시아어
- **화폐단위** – 인도네시아 루피아(IDR, Rp)
- **면적** – 1억 9,169만 677ha(세계14위)
- **인구** – 2억 7,753만 4,122(세계4위)
- **GDP** – 1조 1,860억 9,299만 달러 (세계16위)
- **종교** – 이슬람 87%, 기독교 7% 등

인도네시아의 위치

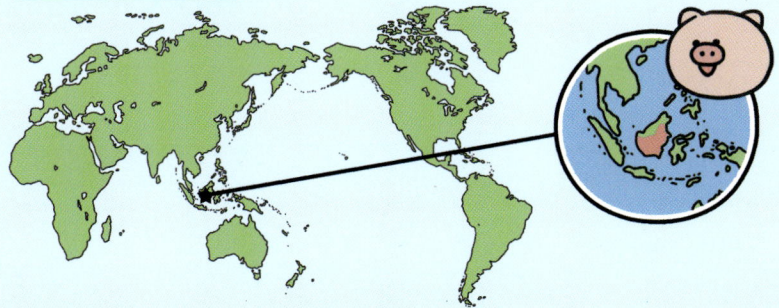

- 동경 119°~129°, 북위 3.06°~6.24°, 동남아시아에 위치

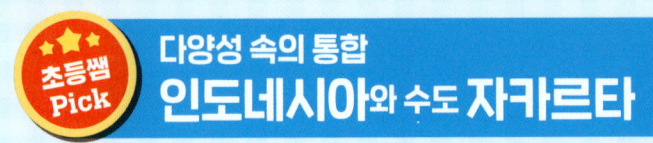

슬라맛 빠기(Selamat pagi)~!

　인도네시아는 인도양과 태평양 사이 적도에 걸쳐 자리 잡고 있는 섬나라입니다. 세계에서 가장 큰 섬 국가이며 이런 지리적 특성 때문에 하나의 나라이지만 다양한 특징을 찾아볼 수 있답니다. 우리나라는 어느 지역을 가든 같은 시간이죠? 하지만 인도네시아는 세 개의 시간대로 나뉜답니다. 또 크기가 큰 만큼 종족, 언어, 종교가 다양하지만 이를 인정하면서도 하나의 국가로 통합하기 위해 인도네시아어를 채택하며 다양성 속 통합을 이루려고 노력하죠. 인도네시아의 국교가 이슬람은 아니지만 대부분 국민이 이슬람 신자로 세계 최대의 무슬림을 가진 국가입니다. 무슬림들은 이슬람력으로 아홉 번째 달에 해당하는 라마단에는 해가 떠서 질 때까지 금식합니다. 30일 간의 금식이 끝나면 최대의 축제 르바란이 열린답니다. 가족과 친구들끼리 모여 특별한 음식을 함께 먹으면서 기쁨을 나누며 서로를 사랑하는 것의 의미를 강조하는 축제이죠.

　인도네시아의 수도 자카르타는 인도네시아의 경제적 중심지로서 활발한 경제 활동이 이루어지는 곳입니다. 특히 자카르타의 제조업은 식품 가공, 가구, 자동차 등 다양한 분야에서 큰 역할을 하고 있어요. 하지만 자카르타는 최근 도시화로 인해 많은 문제를 겪고 있답니다. 자카르타를 관통하는 찌따룸강의 오염도가 너무 심각하여 지하수를 계속해서 퍼 올려 수도 자카르타 지반이 1년에 25cm씩 빠른 속도로 가라앉고 있는 것이죠. 이에 인도네시아는 동칼리만탄으로 수도 이전을 고민하고 있답니다. 자카르타는 도시 내에서 일어나고 있는 문제를 해결하고 지속적인 경제 발전을 이루어 내기 위해 노력하고 있답니다.

🔖 인도네시아의 국기

인도네시아의 국기는 빨간색과 하얀색 가로 줄무늬로 구성되어 있으며 인도네시아어로는 '당당한 빨간색과 하얀색'이라는 뜻의 '상 사카 메라 푸티'라고 부른다. 빨간색은 용기를, 하얀색은 순결을 의미한다. 폴란드의 국기와는 색 배치가 반대이며 싱가포르의 국기와 거의 비슷하다. 또 모나코의 국기와는 비율을 제외하면 거의 비슷한 형태이다.

아시아의 수도 8

ㄹ ㅇ ㄷ

 사우디아라비아

- 언어 – 아랍어
- 화폐단위 – 사우디아라비아 리얄(SR)
- 면적 – 2억 1,496만 9천ha(세계12위)
- 인구 – 3,694만 7,025명(세계40위)
- GDP – 8,335억 4,124만 달러 (세계18위)
- 종교 – 이슬람교(수니파 90%, 시아파 10%)

사우디아라비아의 위치

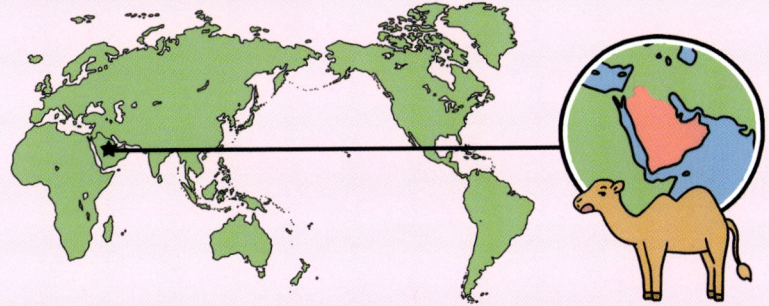

- 동경 34°~55°, 북위 16°~55°의 서남아시아에 위치

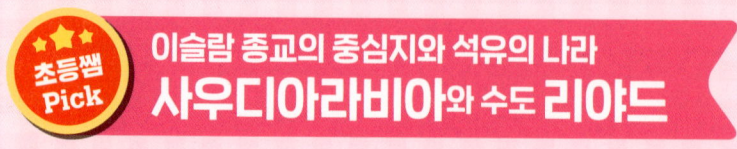

이슬람 종교의 중심지와 석유의 나라
사우디아라비아와 수도 리야드

앗쌀람 알라이쿰(السلام عليكم)!

 사우디아라비아는 아시아와 아프리카의 중간 서남아시아 아라비아반도에 있는 나라로 정식 명칭은 사우디아라비아 왕국입니다. 정식 명칭에서 알 수 있듯이 국왕이 나라를 통치하는 정치 체제를 가지고 있죠. 사우디아라비아의 특징은 크게 두 가지입니다. 거의 모든 국민이 이슬람교를 믿고 있습니다. 이슬람교는 현재 사우디아라비아의 메카 지역에서 생겨났어요. 사우디아라비아는 이슬람권 국가 중에서 가장 엄격하고 보수적인 전통 관습을 지키고 있죠. 하지만 최근에는 여성의 인권 신장과 문화와 관광 산업 증진에 힘쓰면서 조금씩 바뀌고 있어요. 또 사우디아라비아는 많은 석유와 천연가스 매장량으로 아랍 국가에서 유일하게 G20에 가입한 강하고 부유한 나라입니다.

 사우디아라비아의 수도 리야드에 대해 알아볼까요? 앞서 말한 석유 수출 덕분에 가장 성장한 도시가 바로 리야드입니다. 석유 산업 시설이 증가함에 따라 급격한 도시화가 이루어졌고 도시 내 인구가 굉장히 빠르게 증가하였습니다. 이러한 경제적 성공을 대표하는 사우디아라비아의 랜드마크가 리야드에 있답니다. 바로 킹덤 센터입니다. 이 건축물의 특징은 바로 역 포물선 형태의 아치로 장식되어 미적 아름다움이 크다는 것입니다. 건물의 높이를 300m 이하로 제한한 리야드의 법규에 맞게 300m의 높이의 건축물입니다. 높이가 비슷한 다른 나라의 건축물에는 어떤 게 있을까요? 프랑스의 랜드마크 에펠탑과 비슷한 높이이죠. 킹덤 센터의 주변에는 18~19세기 사우디아라비아의 왕궁 유적지가 있어 현대와 과거가 공존하는 도시의 모습을 볼 수 있답니다.

🌸 사우디아라비아의 국기

사우디아라비아의 국기는 초록색 바탕에 흰색으로 아랍어 문구와 칼이 새겨져 있다. 국기에 새겨진 아랍어는 술루스 (, Thuluth)체로 이슬람교의 신앙고백 구절인 샤하다가 적혀 있다.  문장의 의미는 '알라 이외에 다른 신은 없으며 무함마드는 알라의 사도이다'라는 신앙고백이다. 이슬람교에서 신성히 여기는 신앙 고백 구절인 샤하다가 쓰여 있기 때문에 국기의 앞면과 뒷면이 바뀌어 보이는 것을 방지하기 위해서 2장의 천을 맞붙여 만드는 규칙이 있다. 또 국기를 조기로 게양하는 행동, 상품에 사용하는 행동이 금지되어 있다.

아시아의 수도 ⑨

ㅋ ㅌ ㅁ ㄷ

 네팔

- 언어 – 네팔어
- 화폐단위 – 네팔 루피(NPR, Rs)
- 면적 – 1,471만 8천ha(세계94위)
- 인구 – 3,089만 6,590명(세계49위)
- GDP – 362억 8,883만 달러(세계91위)
- 종교 – 힌두교 87%, 불교 8%, 이슬람교 4% 등

네팔의 위치

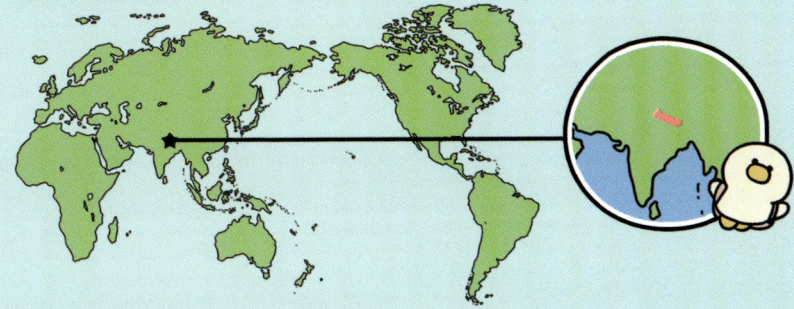

- 동경 80°~88° 북위 26°~30°, 남아시아에 위치

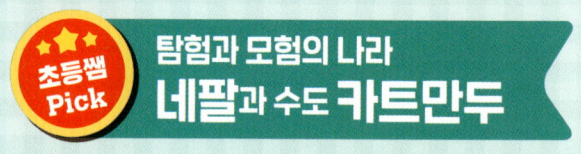

나마스떼(नमस्ते)~!

　네팔은 중국과 인도 그리고 방글라데시에 둘러싸인 국가입니다. 히말라야산맥의 남서 면에 위치해 에베레스트산을 품고 있는 나라인데요. 네팔은 세계 10대 최고봉 가운데 여덟 개를 보유한 나라입니다. 세계 최고봉 에베레스트산은 바로 자그마치 8,848m랍니다. 백두산의 거의 세 배 정도이니 그 높이가 상상이 되나요? 이에 네팔은 전 세계인들의 탐험과 모험의 나라이죠. 또 네팔의 문화를 이해하기 위해서는 네팔의 종교에 대한 이해가 우선해야 합니다. 네팔의 종교는 힌두교와 불교의 공존이라는 독특한 특징을 가지고 있답니다. 종교가 달라 극심한 갈등이 생긴 다른 여러 나라에 관한 뉴스 기사를 본 적 있나요? 하지만 네팔은 갈등과 대립보다는 힌두교와 불교의 공존과 조화를 이루며 종교 예식을 함께 거행하는 걸 볼 수 있답니다.

　네팔의 수도 카트만두는 세계의 많은 산악인으로 붐빕니다. 그 이유는 무엇일까요? 바로 카트만두가 히말라야 관광의 입구이기 때문이죠. 이에 카트만두는 상업과 수공업이 발달하였죠. 수많은 상점이 거리에 몰려 있답니다. 히말라야 등반을 위한 등산 장비를 살 수 있는 상점에서부터 힌두교와 불교와 관련된 미술품을 파는 상점까지 말이죠. 또 카트만두에 가면 많은 축제를 즐길 수 있습니다. 네팔은 세계에서 가장 축제가 많이 열리는 나라 중 하나입니다. 대부분 힌두교, 불교와 관련된 축제이며 함께 모여 춤을 추고 노래하며 축제를 즐기는 것을 볼 수 있답니다. 혹시 동물을 좋아하나요? 카트만두에는 멸종 위기의 동물들을 보호하는 로열 치트완 국립공원이 있습니다. 코끼리를 타고 돌아다니며 공원을 둘러보고, 멸종위기 동물인 인도코뿔소와 벵골호랑이들을 관찰할 수 있답니다. 에베레스트산부터 축제와 국립공원까지 카트만두에는 다양한 볼거리가 가득하죠?

네팔의 국기

사각형이 아닌 삼각형 두 개를 포개 놓은 형상을 한 유일한 국기이다. 진한 파란색 테두리는 히말라야의 푸른 하늘과 평화, 빨강 바탕은 승리를 상징한다. 달과 태양은 네팔이 힌두교 국가임을 나타내기도 하며 달과 태양처럼 국가가 번영하길 바라는 염원을 나타낸다.

아시아의 수도 ⑩

ㅂ ㅋ

 **태국**

- **언어** – 타이어
- **화폐단위** – 태국 밧(THB, ฿)
- **면적** – 5,131만 2천ha(세계51위)
- **인구** – 7,180만 1,279명(세계20위)
- **GDP** – 5,059억 8,166만 달러 (세계25위)
- **종교** – 불교 95%, 이슬람 4%, 기독교 1% 등

태국의 위치

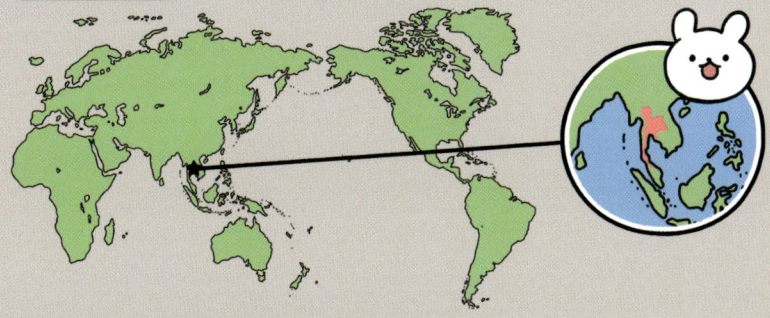

- 동경 97.3°~105.7°, 북위 5.6°~20.7°, 동남아시아에 위치

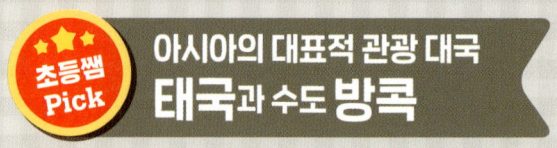

사와디 캅(สวัสดีครับ)~!

태국은 자유의 국가입니다. 그 이유는 무엇일까요? 타이(Thai)라는 나라의 이름은 자유를 의미하는 타이어에서 유래되었기 때문입니다. 이러한 국명에 맞게 이들은 자유를 강조합니다. 동남아시아 국가 중 유일하게 외세의 지배를 받은 적이 없는 나라이며, 종교의 자유가 인정되는 나라랍니다. 대부분의 태국인은 불교를 믿고 태국 전반에 불교의 영향이 매우 커 곳곳에서 이를 찾아볼 수 있답니다. 태국에는 3만 개 이상의 사원이 있어 많은 사람이 불교를 생활 속에서 받아들이고 있어요. 그리고 태국 관련 사진에서 에메랄드빛 바다를 본 적이 있을 거예요. 물과 수영을 좋아한다면 꼭 가봐야 하는 곳이죠. 태국 남부의 푸껫섬, 끄라비 등은 대표적 휴양지로 아름다운 바다와 숲이 유명합니다.

태국의 수도 방콕은 아시아 대표적 관광 대국의 수도에 걸맞게 수상시장처럼 우리나라에서는 보기 어려운 신기한 장소가 있습니다. 수상시장은 평범한 시장과 달리 보트를 상점으로 삼는답니다. 보트에 과일, 쌀국수와 같은 먹거리를 담아 관광객들에게 팔고 관광객들은 롱테일 보트를 타고 구석구석을 누비며 다양한 물건을 사거나 배 위에서 현지 음식을 먹죠. 이처럼 수상시장이 발달한 이유는 작은 강과 운하로 둘러싸여 있는 지리적 특징 때문이에요. 또 카오산 로드처럼 방콕에서 가장 유명한 번화가도 있어요. 이곳에서는 맛집부터 해서 다양한 즐길 거리가 있고, 송끄란이라는 축제가 열린답니다. 송끄란은 태국에서 가장 규모가 큰 축제인데, 행인이나 관광객에게도 예외 없이 물을 뿌리고 모두 물에 흠뻑 젖으며 즐긴답니다. 생각만 해도 즐길 거리가 많은 태국과 수도 방콕은 아시아의 대표적 관광 대국이라고 불릴 만하네요!

태국의 국기

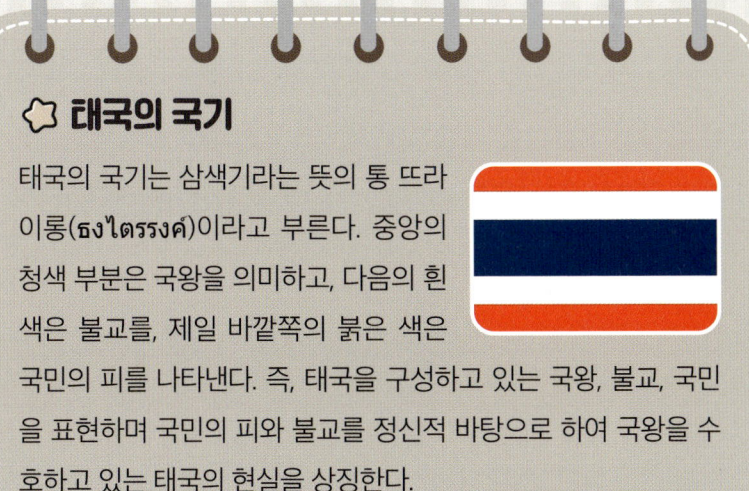

태국의 국기는 삼색기라는 뜻의 통 뜨라이롱(ธงไตรรงค์)이라고 부른다. 중앙의 청색 부분은 국왕을 의미하고, 다음의 흰색은 불교를, 제일 바깥쪽의 붉은 색은 국민의 피를 나타낸다. 즉, 태국을 구성하고 있는 국왕, 불교, 국민을 표현하며 국민의 피와 불교를 정신적 바탕으로 하여 국왕을 수호하고 있는 태국의 현실을 상징한다.

2장
유럽의 수도

유럽의 수도 ①

ㅇ E ㄴ

 그리스

- 언어 – 그리스어
- 화폐단위 – 유로(EUR, €)
- 면적 – 1,319만 6천ha(세계96위)
- 인구 – 1,034만 1,277명(세계90위)
- GDP – 2,162억 4,059만 달러 (세계50위)
- 종교 – 그리스정교 98%, 이슬람교 1.3%, 기타 0.3%

그리스의 위치

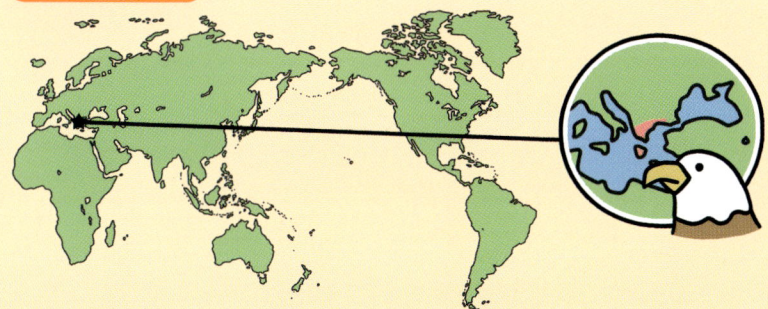

- 동경 19°~280°, 북위 34°~41°, 남유럽과 서아시아 사이에 위치

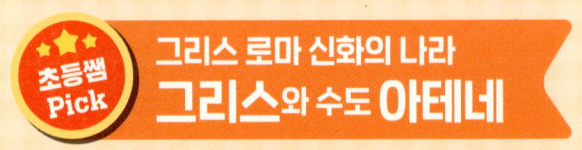

야사스(Γειάσας5)~!

　<그리스 로마 신화>라는 책을 본 적 있나요? 제우스부터 포세이돈까지 많은 올림포스의 신들이 나오는 그 이야기의 바탕이 바로 그리스입니다. 그리스 신화가 탄생할 수 있었던 이유는 그리스의 신비로운 자연환경 때문이라 추측할 수 있답니다. 그리스의 아름다운 자연 경관은 사람들에게 풍부한 상상력과 자연에 대한 경이로움을 느끼게 하여 그리스 신화가 탄생했던 것이죠. 이런 그리스 신화에서 시작해서 예술과 문화도 발달하였습니다. 그리스 신화에서 유래한 아주 중요한 행사가 있는데요, 바로 올림픽입니다. 4년마다 한번씩 돌아오는 올림픽 시즌만 되면 온 나라가 들썩들썩 한마음이 되어 응원하죠. 이 올림픽의 시작이 바로 그리스입니다. 지금도 이를 기념하기 위해서 올림픽 개막식에서 그리스가 가장 먼저 입장하고 있죠.

　그리스의 수도는 아테네입니다. 그리스 신화에 따르면 수도 아테네의 이름이 없던 시절에 지혜의 여신 아테나와 바다의 신 포세이돈이 수호신 자리를 놓고 경합을 벌였답니다. 아테나와 포세

이돈은 이 도시인들에게 더 훌륭한 선물을 주는 쪽이 수호신이 되기로 했죠. 포세이돈은 삼지창으로 땅을 찍어 소금물이 솟구치게 했고, 아테나는 올리브 나무를 재배하게 했죠. 당시 왕은 올리브 나무를 선택하여 아테나를 수호신으로 모셨고, 수도 아테네 이름 역시 아테나의 이름에서 유래되었다고 합니다. 아테네는 지중해성 기후로 여름에는 온도는 높으나 습도가 낮고 겨울에는 온화합니다. 이런 기후는 올리브를 재배하기에 훌륭한 환경이 되었고, 올리브를 사용한 음식을 많이 볼 수 있습니다. 이렇게 그리스의 지리적 특징, 기후, 문화를 기반으로 만든 그리스 신화가 다시 그리스의 문화에 정말 많은 영향을 주었답니다.

그리스의 국기

그리스의 국기는 파란색은 하늘과 바다를, 하얀색 십자가는 동방 정교회를 의미한다. 파란색과 하얀색의 가로 줄무늬는 1820년대에 일어난 그리스 독립 전쟁의 표어인 '자유냐 죽음이냐(Ελευθερία ή θάνατος 엘레프테리아 이 타나토스)'의 아홉 개 그리스어 음절을 의미하는데 다섯 파란색 줄무늬는 자유를, 네 개의 하얀색 줄무늬는 죽음을 의미한다.

유럽의 수도 ②

ㅇㅅㅌㄹㄷ

 **네덜란드**

- 언어 – 네덜란드어
- 화폐단위 – 유로(EUR, €)
- 면적 – 415만 4천ha(세계133위)
- 인구 – 1,761만 8,299명(세계72위)
- GDP – 1조 180억 706만 달러 (세계17위)
- 종교 – 가톨릭, 개신교 등

네덜란드의 위치

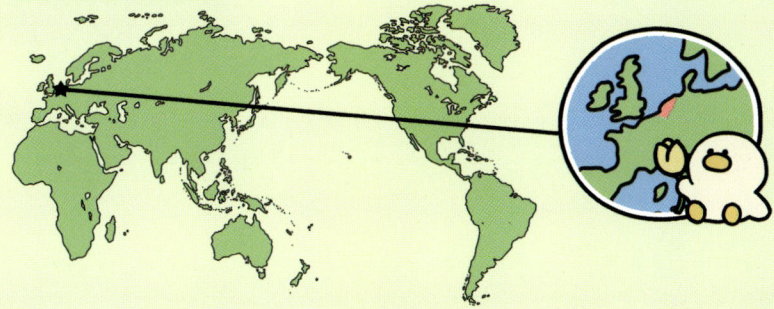

- 동경 3.36°~7.20°, 북위 50.75°~53.53°, 서유럽에 위치

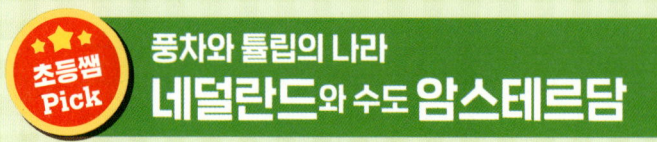

할로(Hallo)~!

　네덜란드를 생각하면 어떤 그림이 떠오르나요? 대부분 풍차와 튤립이 있는 풍경을 떠올릴 텐데요. 네덜란드는 여러분 생각처럼 풍차와 튤립이 발달하였답니다. 그런데 그 이유는 무엇일까요? 우선 네덜란드라는 나라의 이름은 바다보다 낮은 땅이라는 뜻이랍니다. 실제 국토의 절반이 해수면보다 낮죠. 그럼 어떤 일이 일어날까요? 물이 범람하겠죠. 이에 네덜란드는 물을 퍼내는 '배수' 작업이 꼭 필요했고 그 방법으로 풍차를 사용했답니다. 네덜란드의 지리적 특성 때문에 풍차가 발달하게 된 것이죠. 그리고 네덜란드는 꽃의 나라라고 불리기도 한답니다. 네덜란드 사람들이 꽃을 매우 사랑하기 때문이죠. 그중에서도 바로 튤립을 가장 사랑한답니다. 튤립은 겨울에도 춥지 않고 습한 토양에서 잘 자라기에 네덜란드의 기후 특성에 딱 맞죠. 이런 특성과 튤립에 대한 애정으로 네덜란드는 세계 제일의 튤립 생산국이 되었답니다.

　네덜란드의 수도는 암스테르담입니다. 암스테르담은 원래는 작은 어촌이었으나 마을에 운하가 건설되면서 도시 규모가 점차 커

졌죠. 그래서 암스테르담에 가면 운하를 따라 들어선 많은 건물을 볼 수 있어요. 그렇다면 운하는 왜 만들어진 걸까요? 앞서 말한 것처럼 네덜란드는 지리적 특성 때문에 배수가 매우 중요했고, 그 해결책이 운하였답니다. 이 운하를 통해 사람들이 이동했고 물건들을 실어 나르면서 도시가 발달하게 되었죠. 운하를 사이에 두고 길게 늘어선 도시를 탐험할 때는 자전거가 제격이랍니다. 암스테르담은 세계적으로 자전거 도로가 가장 잘 만들어진 도시라는 사실 알고 있었나요? 암스테르담은 자전거 전용 도로가 400km에 달해 자전거를 이용해 도시 곳곳으로 손쉽게 이동할 수 있습니다.

✿ 네덜란드의 국기

유럽에서 처음 삼색기를 사용했다. 위로부터 빨강, 흰색, 파랑의 삼색기이다. 3색은 오라녜(오렌지 군단도 여기서 유래) 가문의 문장에서 사용되는 빛깔에서 유래되었다. 원래는 빨강이 아니라 오렌지였으나, 햇빛에 쉽게 바래져서 빨강으로 바뀌었다고 한다. 빨강은 용기를, 흰색은 신앙을, 파랑은 충성을 상징한다.

유럽의 수도 ③
ㅂ ㄹ ㄹ

 **독일**

- 언어 – 독일어
- 화폐단위 – 유로(EUR, €)
- 면적 – 3,575만 9천ha(세계63위)
- 인구 – 8,329만 4,633명(세계19위)
- GDP – 4조 2,231억 1,621만 달러 (세계4위)
- 종교 – 개신교 30.8%, 가톨릭교 31.5%, 이슬람교 4% 등

독일의 위치

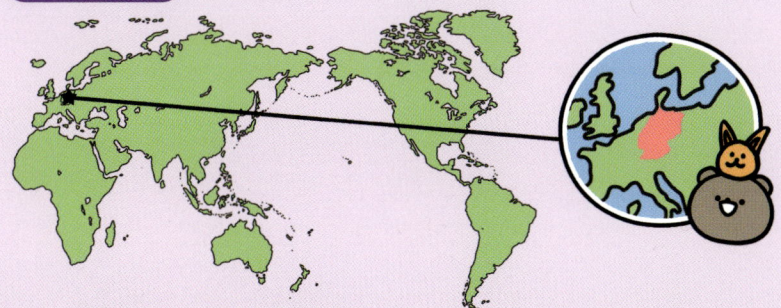

- 동경 5°~15°, 북위 47°~55°, 서유럽에 위치

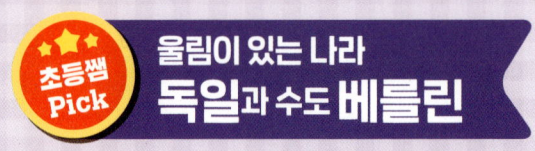

구텐 탁(Guten Tag)~!

독일은 어떤 나라일까요? 소시지가 맛있다고요? 맞아요. 독일은 소시지가 발달했고 세계적으로 유명하답니다. 음식은 그 나라의 지리와 기후와 관련 있답니다. 독일은 날씨가 변덕스럽고 겨울이 길고 땅이 비옥하지 않아 농업보다는 목축업이 발달했죠. 긴 겨울 동안 보존하기 위해서 사육 기간이 짧은 돼지를 즐겨먹었어요. 돼지의 좋은 부위는 특별한 날에 요리를 해먹고, 남은 부위는 소시지로 만들어 먹었죠. 소시지라는 음식에서 독일인의 절약 정신도 엿볼 수 있답니다. 또 독일은 문화와 예술의 본고장이라고 불리기도 한답니다. 바로 클래식 음악의 거장 바흐, 베토벤, 브람스, 바그너가 독일에서 태어난 음악가이기 때문입니다. 독일은 문화예술이 굉장히 발달하였고 많은 생활에 음악이 함께하는 것을 볼 수 있답니다.

독일의 수도 베를린은 어떤 곳일까요? 베를린에서는 역사의 흔적과 그 역사를 대하는 독일인들의 태도를 알 수 있어요. 독일은 제2차 세계 대전 이후 동독과 서독으로 나뉘어졌답니다. 우리나라처럼 분단국가였죠. 베를린에는 베를린 장벽이 생겼고 둘로 나뉘어져 사람들은 절대 이 장벽을 넘어갈 수 없었습니다. 세월이 흐른 뒤에 독일은 통일했고 이 베를린 장벽은 붕괴되었답니다. 이 사건은 독일인들에게 평화와 통일의 상징이며 세계 여러 나라에도 큰 울림을 주었죠. 또 독일인들이 역사를 대하는 태도를 볼 수 있는 곳이 있답니다. 바로 유대인 박물관입니다. 제2차 세계 대전 동안 독일의 지도자였던 히틀러는 600만 명의 유대인들을 학살했습니다. 이러한 끔찍한 비극의 역사를 독일인들은 기억하고 반성합니다. 유대인들을 추모하는 광장을 만들고 역사의 기록을 담은 유대인 박물관을 만들었죠. 이는 끔찍한 역사가 되풀이되지 않도록 세계 여러 나라가 본받아야 하는 태도입니다.

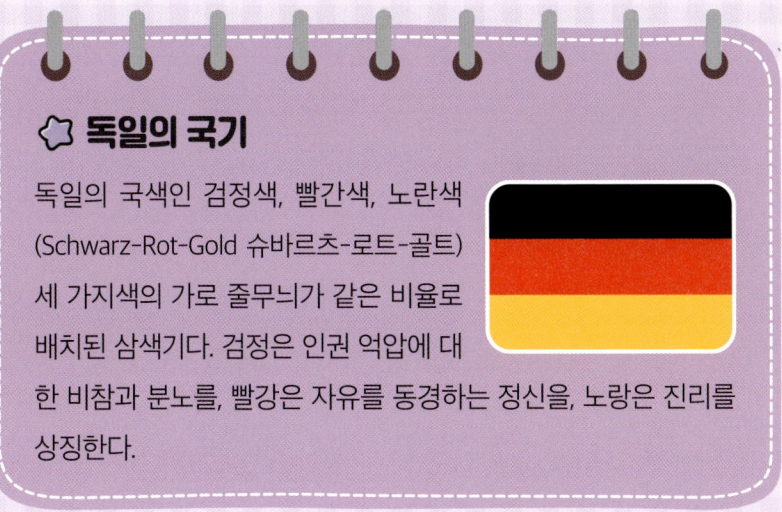

✿ 독일의 국기

독일의 국색인 검정색, 빨간색, 노란색(Schwarz-Rot-Gold 슈바르츠-로트-골트) 세 가지색의 가로 줄무늬가 같은 비율로 배치된 삼색기다. 검정은 인권 억압에 대한 비참과 분노를, 빨강은 자유를 동경하는 정신을, 노랑은 진리를 상징한다.

유럽의 수도 ④ ㅁㅅㅋㅂ

 **러시아**

- **언어** – 러시아어
- **화폐단위** – 러시아 루블(RUB, ру6)
- **면적** – 17억 982만 5천ha(세계1위)
- **인구** – 1억 4,444만 4,359명(세계9위)
- **GDP** – 1조 7,757억 9,992만 달러 (세계11위)
- **종교** – 러시아정교, 이슬람교, 유대교, 가톨릭교 등

러시아의 위치

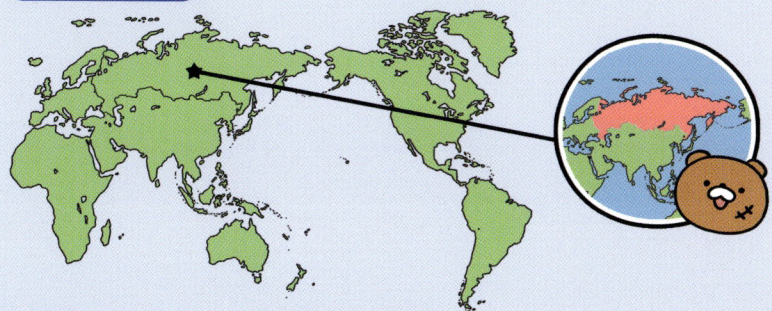

- 동경 60°~120°, 북위 50°~75°, 아시아와 유럽에 위치

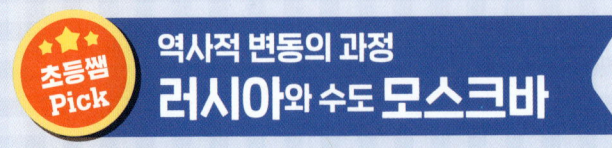

즈드라스트부이쩨(Здравствуйте)~!

　세계에서 가장 넓은 나라 러시아! 얼마나 넓은지 체감해 볼까요? 우리나라 서울과 강릉은 동일한 시간을 가지고 있죠? 하지만 러시아 서쪽과 동쪽의 시차는 열 시간이나 납니다. 매우 크다는 것이 느껴지나요? 러시아는 우랄산맥을 기준으로 동쪽은 아시아, 서쪽은 유럽과 맞닿아 있는 나라랍니다. 많은 나라와 국경을 접하고 있었기 때문에 과거 러시아를 중심으로 소비에트 연방이 설립되었죠. 공산주의 체제를 중심으로 하여 여러 나라로 구성된 국가로 소련이라 불렸답니다. 소련은 세력이 대단해서 미국과 견줄 만큼 강력한 힘을 자랑했죠. 소련과 미국이 대립하던 그 시절을 우리는 냉전시대라고 부릅니다. 그때부터 미국과 소련의 우주 경쟁은 시작되었고 우주 개발 및 진출에 힘썼죠. 우주 비행을 처음 한 건 사람이 아니라 동물이라는 사실 알고 있었나요? '라이카'라는 이름의 개가 소련의 스푸트니크를 타고 가장 먼저 우주로 나갔죠. 이러한 미국과 소련의 우주 경쟁으로 우주 비행의 역사는 놀랄 만큼 발전했어요. 이후 1991년 사회주의가 붕괴하면서 소련은 해체되었고, 소련에 속해 있던 우크라이나 등 여러 나라가 독립했습니다. 현재 러시아는 민주주의로 전환을 시도하였으나 다양한 정치의 모습이 합쳐져 있는 상황이랍니다.

　이러한 러시아 역사의 과정이 담겨 있는 곳이 바로 러시아의 수도 모스크바랍니다. 유럽에서 가장 많은 인구가 있는 모스크바는 어떤 특징이 있을까요? 모스크바의 중심에는 붉은 광장이 있답니다. 과거 소련 시대 때 붉은 광장에서는 다양한 국가 행사를 진행했고 지금도 그 흔적들을 찾아볼 수 있답니다. 이뿐 아니라 붉은 광장은 성 바실리 대성당 등 많은 건축물을 볼 수 있어 모스크바의 랜드마크라고 할 수 있어요.

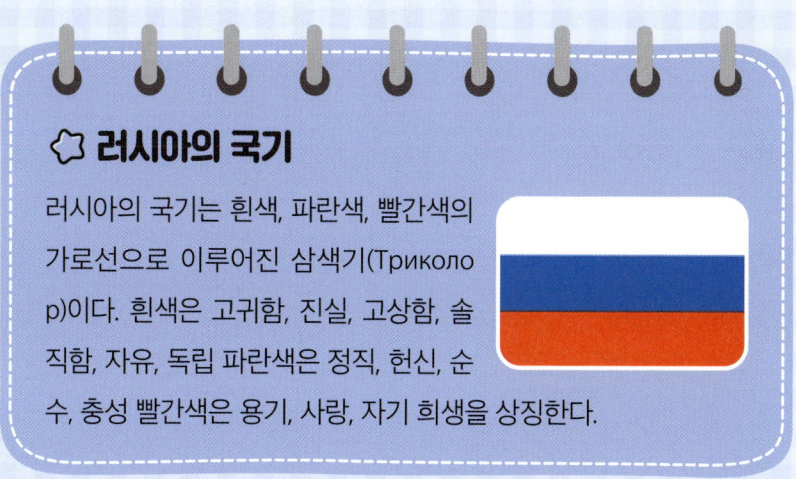

러시아의 국기

러시아의 국기는 흰색, 파란색, 빨간색의 가로선으로 이루어진 삼색기(Триколор)이다. 흰색은 고귀함, 진실, 고상함, 솔직함, 자유, 독립 파란색은 정직, 헌신, 순수, 충성 빨간색은 용기, 사랑, 자기 희생을 상징한다.

유럽의 수도 5

ㅂ ㄹ

🇨🇭 스위스

- **언어** – 독일어, 프랑스어, 이탈리아어, 로망슈어
- **화폐단위** – 스위스 프랑(CHF, Fr)
- **면적** – 412만 9,039ha(세계134위)
- **인구** – 879만 6,669명(세계100위)
- **GDP** – 8,128억 6,693만 달러 (세계20위)
- **종교** – 가톨릭 38.6%, 개신교 28%, 이슬람교 4.5%.

스위스의 위치

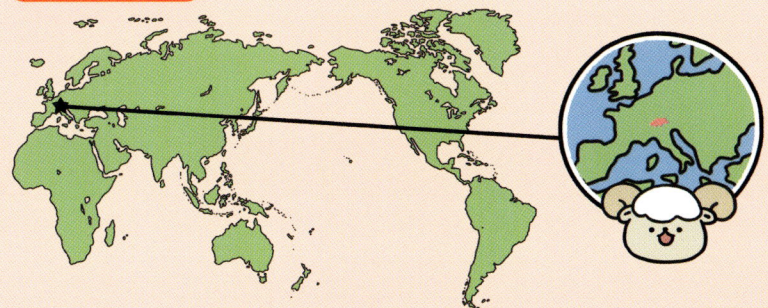

- 동경 5°~10°, 북위 45°~47°, 중앙 유럽에 위치

초등쌤 Pick

알프스 소녀 하이디가 살 것 같은 나라
스위스와 수도 **베른**

구텐 탁(Guten Tag)~! 봉주르(Bonjour)~!

<알프스 소녀 하이디>라는 소설을 알고 있나요? 이 소설의 배경이 바로 스위스랍니다. 스위스는 유럽 대륙 중심에 위치한 작고 아름다운 나라예요. 스위스는 알프스산맥으로 둘러싸여 있어요. 알프스산맥은 유럽 대륙의 중심부를 가로지르며, 정상에는 빙하가 발달해 있고 다양한 자연 경관을 만나볼 수 있는 곳입니다. 알프스 주요 정상 중 하나인 융프라우는 스위스에서 유명한 산이랍니다. 유네스코 세계자연유산으로 지정되었고 험난한 암벽을 뚫고 만든 융프라우 산악 열차는 아름다운 자연 경관을 감상할 수 있어 세계 여러 관광객에게 많은 사랑을 받는답니다. 스위스에는 많은 국제기구의 본부가 자리 잡고 있답니다. 그 이유는 무엇일까요? 과거 수많은 유럽 국가가 서로 갈등하고 전쟁을 벌일 때 스위스는 그 어느 나라와도 동맹을 맺지 않고 중립을 유지하며 자유로운 상태로 존재해 왔습니다. 이러한 스위스의 중립은 국제적인 회의의 장소로 중요한 역할을 하여 유엔 유럽 본부 등 세계 기구들이 스위스에 자리 잡고 있죠.

스위스의 수도 베른에 대해 알아볼까요? 대부분 나라의 수도는 정치, 행정, 경제의 중심지며 많은 인구가 집중되어 있죠. 하지만 스위스의 수도는 그렇지 않답니다. 스위스는 분산된 행정 시스템을 가지고 있고 다른 도시와의 역할 분담으로 베른은 정치와 행정의 중심지이고, 취리히라는 도시는 경제와 금융의 중심지입니다. 베른의 또 다른 특징은 스위스 최초로 도시 자체가 유네스코 세계문화유산으로 등재된 점이랍니다. 베른의 구시가지 전체가 지정되었다는 점에서 그 가치를 짐작할 수 있답니다. 중세 시대 때 마을의 모습을 지금까지 그대로 보존하고 있어 그 역사적 가치가 대단히 높고, 이를 보존하기 위한 스위스 사람들의 노력을 엿볼 수 있죠.

스위스의 국기

스위스 국기와 바티칸 국기는 특이하게 정사각형이다. 빨강색 바탕에 하얀색 십자가가 그려져 있다. 적십자 깃발과 헷갈릴 수 있는데 똑같은 모양이지만 색상이 반대이다. 빨강은 그리스도의 피, 하얀 십자가는 그리스도의 십자가를 상징한다.

유럽의 수도 [6]

ㄹ ㄷ

 **영국**

- **언어** – 영어
- **화폐단위** – 파운드(GBP, £)
- **면적** – 2,436만 1천ha(세계79위)
- **인구** – 6,773만 6,802명(세계21위)
- **GDP** – 3조 1,868억 5,974만 달러 (세계5위)
- **종교** – 기독교 59.3%, 이슬람교 4.8%, 무교 25.1%

영국의 위치

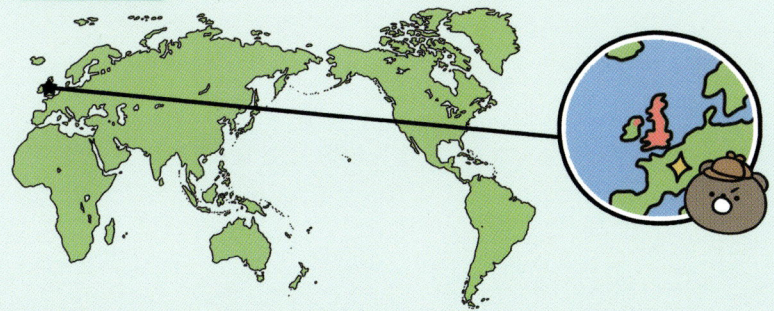

- 동경 1°, 북위 49°~60°, 서유럽에 위치한 섬나라

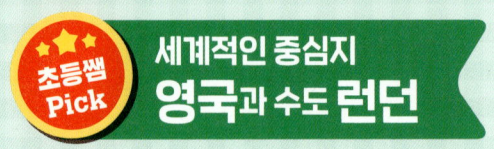

헬로우(Hello)~!

과거 영국은 '해가 지지 않는 나라'라고 불렀습니다. 지구 여러 나라들이 영어를 사용하고 있는데 그 이유를 여기서 찾을 수 있답니다. 영국이 전 세계의 4분의 1을 식민지로 지배한 나라이기 때문이죠. 19세기에서 20세기 초까지 영국은 세계에서 가장 힘이 센 나라였답니다. 이뿐 아니라 영국은 세계의 변화를 이끈 주요 사건들이 발생한 곳입니다. 영국은 공식 국명은 영국 연합 왕국입니다. 명칭에서 알 수 있듯이 왕이 존재하는 나라랍니다. 과거 영국은 왕이 절대적인 권력을 가지고 있었지만 현재는 상징적인 존재일 뿐 실질적인 통치는 의회에 있답니다. 이러한 의회 민주주의는 바로 영국에서 시작되었고, 지금의 입헌군주제 나라에 영향을 주었죠. 세계 경제 활동의 모습을 바꾼 사건 역시 영국에서 일어났답니다. 산업 혁명이라고 들어보았나요? 산업 혁명이 일어나기 전까지는 가족들이나 몇 명의 사람들이 모여 물건을 만들었어요. 영국에서 산업 혁명이 시작되면서 공장들이 생겨나고 기계들이 일을 하면서 물건을 많이 그리고 빨리 만들 수 있게 되었습니다. 그 변화의 시작이 바로 영국의 산업 혁명이랍니다.

영국의 수도 런던에는 런던탑, 근대 민주주의의 상징인 국회 의사당 등 역사적 중요 유산부터 셜록 홈스, 해리 포터의 배경이 되는 장소들을 탐험할 수 있죠. 그중에서 우리가 알아볼 곳은 바로 그리니치 천문대입니다. 우리나라의 시간과 영국의 시간은 다르죠. 같은 지구에 살고 있지만 다른 시간대에 있답니다. 그 이유는 지구가 자전하고 있기에 해가 뜨고 지는 시간이 다르기 때문입니다. 이를 정확히 수치화하기 위해서는 기준이 필요하답니다. 바로 세계 시간의 기준이 런던의 그리니치 천문대입니다. 과거에서부터 지금까지 세계의 많은 영역에 영향을 주는 영국 그리고 런던이었습니다.

영국의 국기

유니언잭이라고 부르며, 잉글랜드를 상징하는 성 게오르기우스 십자(흰 바탕에 그려진 붉은 십자), 스코틀랜드를 상징하는 성 안드레아 십자(파란 바탕에 그려진 흰 X자 모양의 십자), 아일랜드를 상징하는 성 파트리치오 십자(흰 바탕에 그려진 붉은 X자 모양의 십자)를 결합한 디자인이다.

유럽의 수도 ⑦

ㄹ ㅁ

 이탈리아

- **언어** – 이탈리아어
- **화폐단위** – 유로(EUR, €)
- **면적** – 3,020만 6,800ha(세계71위)
- **인구** – 5,887만 762명(세계25위)
- **GDP** – 2조 998억 8,020만 달러 (세계8위)
- **종교** – 가톨릭 85.7%, 정교회 2.2%, 이슬람 2%, 등

이탈리아의 위치

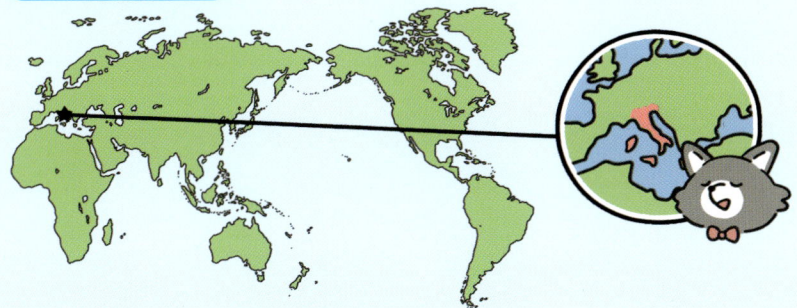

- 동경 6°~18°, 북위 36°~47°, 유럽 남부에 위치

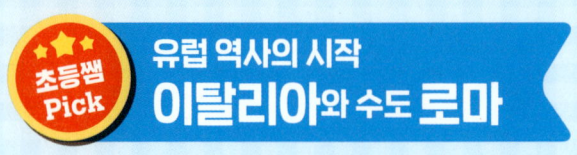

챠오(Ciao)~!

이탈리아 하면 무엇이 떠오르나요? 구두 모양의 나라요! 피자와 스파게티가 맛있는 나라요! 모두 맞아요. 이탈리아는 지중해의 중앙에 위치한 구두 모양의 반도국가랍니다. 그리고 유네스코 세계문화유산 보유 1위 국가이기도 하죠. 유럽의 역사와 문명의 시작이 그리스와 함께 이탈리아에서 시작되었어요. 아주 먼 옛날 그리스에서 지중해를 건너 이탈리아로 한 집단이 정착하면서 로마의 역사는 시작되었고, 로마 제국은 유럽 그리고 지중해를 넘어 북아프리카와 페르시아, 이집트까지 지배한 고대 최대의 제국이었답니다. 또 문화적으로 역사에 한 획을 긋는 사건도 바로 이탈리아에서 시작되었답니다. 바로 르네상스예요. 옛 그리스와 로마 시대의 정신을 바탕으로 개인의 개성을 자유롭게 표현할 수 있도록 한 것이죠. 이것은 이탈리아의 미술 분야에 큰 영향을 주어 우리가 잘 알고 있는 레오나르도 다빈치, 미켈란젤로 등 많은 화가의 작품이 탄생하였답니다.

로마 제국의 수도이자 지금 이탈리아의 수도인 로마는 유럽에서 가장 오래된 도시랍니다. 콜로세움에 대해 들어보았나요? 콜로세움은 앞서 설명한 로마 제국 때 사용되던 매우 큰 경기장이랍니다. 이처럼 로마에서는 고대 로마 제국의 흔적을 찾아볼 수 있답니다. 로마는 분수의 도시라고 할 정도로 도시 곳곳에서 분수를 찾아볼 수 있답니다. 그중에서 가장 유명한 분수는 트레비 분수예요. 이 분수에는 하나의 전설이 있는데 분수를 등지고 어깨 너머로 동전을 던져 분수 안에 들어가면 다시 로마에 방문할 수 있고 두 번째 동전이 들어가면 소원을 빌 수 있다는 전설이죠. 이에 트레비 분수에는 전 세계의 동전들을 볼 수 있다고 하니 예술과 낭만의 나라 이탈리아답네요!

✿ 이탈리아의 국기

이탈리아의 국기는 녹색, 하양, 빨강의 세 가지 색으로 된 세로 삼색기(Il Tricolore 일 트리콜로레)이다. 1789년 프랑스혁명 당시 쓰였던 삼색기의 영향을 받아 1848년에 처음 만들어졌다. 초록은 희망을, 하양은 신뢰를, 빨강은 사랑을 의미한다.

유럽의 수도 8

프 랑

 **프랑스**

- **언어** – 프랑스어
- **화폐단위** – 유로(EUR, €)
- **면적** – 5,490만 8,687ha(세계48위)
- **인구** – 6,475만 6,584명(세계23위)
- **GDP** – 2조 9,374억 7,276만 달러 (세계7위)
- **종교** – 가톨릭, 기독교, 유대교, 이슬람교 등

프랑스의 위치

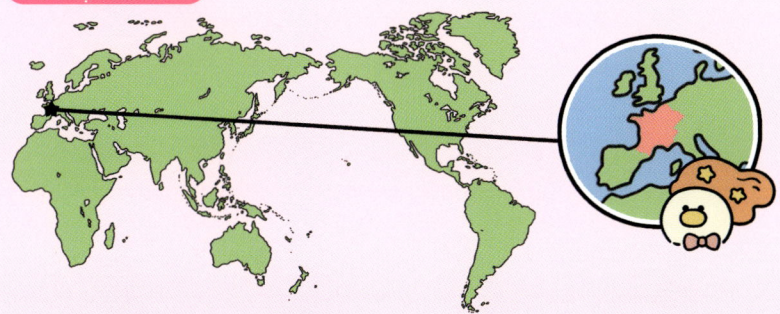

- 서경 4°~동경 8°, 북위 42°~51°, 서유럽에 위치

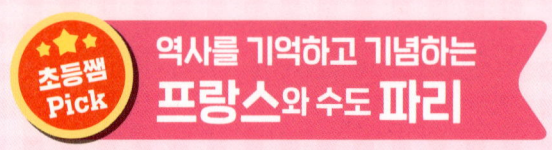

봉주르(Bonjour)~!

  프랑스는 유럽 대륙의 서쪽에 위치한 나라로 유럽 안에서 중요한 위치에 있답니다. 그 이유는 바로 유럽 연합(EU)의 리더이기 때문이죠. 유럽 연합에 대해 들어보았나요? 유럽 국가들은 언어, 문화, 화폐가 모두 달라 무역하는 것이 쉽지 않았죠. 이때 세계는 미국과 소련으로 힘의 균형이 치우쳐져 있었고 유럽은 힘을 모으고자 했죠. 이에 유럽 연합을 만들어 유로화라는 같은 화폐를 사용하여 자유롭게 여행하고 물건의 무역까지 수월하게 하였죠. 또한 프랑스는 예술과 함께 살아가는 나라랍니다. 프랑스의 루브르 박물관을 방문하면 전 세계적으로 유명한 많은 예술 작품을 만나 볼 수 있답니다. 레오나르도 다빈치의 <모나리자>에서부터 피카소의 등 우리가 알고 있는 작품 말이죠!

  프랑스의 수도 파리하면 제일 유명한 건축물이 무엇일까요? 많은 건축물이 있지만 그래도 제일 먼저 에펠탑이 떠오를 거예요. 에펠탑은 프랑스혁명 100주년을 기념하여 세워진 탑이랍니다. 과거 프랑스혁명 전의 프랑스는 왕이 큰 힘을 가지고 있었고 귀

족이 아닌 평범한 국민은 엄청난 세금을 내야 했고, 국가의 일에 목소리를 낼 권리는 없었답니다. 더는 참지 못한 국민들은 태어나면서부터 가지는 당연한 인간의 권리를 주장했고 혁명을 일으켰죠. 프랑스혁명은 성공했고, 왕이 없는 나라가 되어 자유와 평등의 상징이 되었답니다. 에펠탑뿐 아니라 파리에는 역사를 기념한 건축물이 또 있답니다. 나폴레옹에 대해 들어보았나요? 나폴레옹은 프랑스혁명 이후 프랑스의 지도자로서 프랑스에 쳐들어온 영국군을 물리치고 유럽 대륙을 정복했고 이집트까지 차지하였던 인물이랍니다. 이런 나폴레옹의 업적을 기록한 것이 바로 파리의 개선문이랍니다. 개선문 역시 에펠탑과 함께 파리를 상징하는 의미 있는 건축물이죠.

✦ 프랑스의 국기

프랑스의 국기는 파랑, 하양, 빨강의 세 색으로 된 세로 삼색기이다. 라 트리콜로르(La Tricolore)라고 부르며, 파랑은 자유, 하양은 평등, 빨강은 박애를 상징한다. 국기의 비율은 2:3이고, 세 가지 색의 폭은 같다.

유럽의 수도 ⑨

ㅅ ㅌ ㅎ ㄹ

 **스웨덴**

- **언어** – 스웨덴어
- **화폐단위** – 스웨덴 크로나(SEK, kr)
- **면적** – 5,288만 6,070.4ha(세계49위)
- **인구** – 1,061만 2,086명(세계86위)
- **GDP** – 6,274억 3,790만 달러 (세계23위)
- **종교** – 가톨릭, 기독교, 유대교, 이슬람교 등

스웨덴의 위치

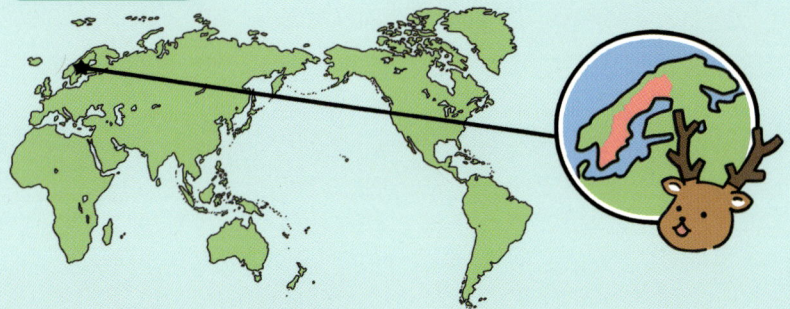

- 동경 11°~25°, 북위 55°~70°, 북유럽에 위치

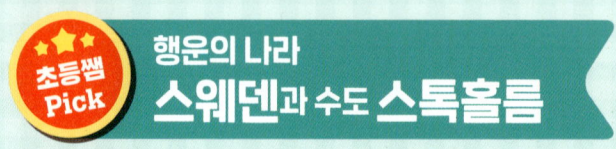

헤이(Hej)~!

　스웨덴은 스칸디나비아반도 동쪽에 있는 북유럽 국가입니다. 스칸디나비아산맥을 기준으로 노르웨이랑 국경을 이루고 있죠. 스칸디나비아반도는 목재, 철광석, 수력과 같은 자원이 풍부하여 스웨덴은 자동차와 철강 관련 산업이 발달한 나라이고, 이를 바탕으로 안정적이고 높은 경제력을 가진 나라랍니다. 또 복지 제도가 잘 되어 있어 국민들의 생활 수준이 굉장히 높은 나라 중 하나죠. 세계적으로 큰 사건이었던 두 차례의 세계 대전을 겪지 않은 나라이기도 하여 과거부터 지금까지 행운의 나라라고 부른답니다. 스웨덴을 5월~7월 사이에 방문하면 신기한 경험을 할 수 있답니다. 바로 밤이 되었는데도 해가 지지 않는 백야 현상을 직접 체험할 수 있어요. 자정이 되어도 어둡지 않다니 어떻게 이런 현상이 일어나는 걸까요? 지구는 23.5° 기울어진 채로 자전을 하는데 이에 따라 북극과 남극 그리고 극지방에 가까운 나라들에서는 태양이 지평선 아래로 내려가지 않는 현상이 일어나는 것이죠.

　스웨덴의 수도 스톡홀름은 어떤 도시일까요? 스톡홀름을 색깔로 표현하면 초록색일 정도로 공원이 많은 도시랍니다. 그 이유는 스톡홀름은 환경을 보호하기 위해 큰 노력을 하기 때문이죠. 도시 안에 일곱 개의 자연 보호 구역이 있고 출근하는 사람들의 80%가 대중교통을 이용하고 있어 탄소 배출을 막기 위해 힘쓰고 있답니다. 이는 세계 여러 나라가 본받아야 하는 모습 아닐까요? 또 다이너마이트를 발명한 스웨덴의 화학자 노벨의 유산을 바탕으로 노벨상이 생겼고, 수도 스톡홀름에서는 매년 12월에 노벨상을 선정하고 수여합니다. 노벨상에 관해 들어본 적이 있나요? 노벨상은 여섯 분야에서 세계적으로 문명 발달에 큰 도움을 주는 사람에게 주는 상이죠. 큰 노력의 성과를 칭송해 주고 격려해 주는 초록 도시 스톡홀름은 참 아름다운 곳이네요.

스웨덴의 국기

파란색 바탕에 노란색 스칸디나비아 십자가 그려져 있는 형태를 하고 있다. 국기 모양은 다른 북유럽 국가들의 국기와 유사하다. 파란 바탕은 스칸디나비아 반도와 스웨덴의 푸른 하늘과 바다를, 노란 십자는 루터교회를 상징한다.

유럽의 수도 ⑩

ㅁㄷㄹㄷ

 **스페인**

- **언어** – 에스파냐어
- **화폐단위** – 유로(EUR, €)
- **면적** – 5,059만 6,989.1ha(세계52위)
- **인구** – 4,751만 9,628명(세계32위)
- **GDP** – 1조 4,252억 7,659만 달러 (세계14위)
- **종교** – 가톨릭 74% 이상

스페인의 위치

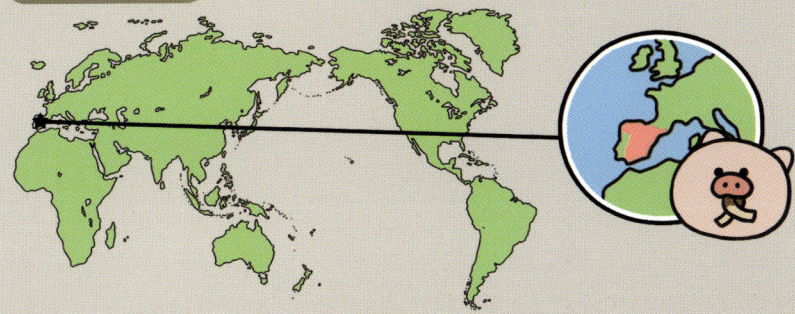

- 서경 9°~동경 4°, 북위 35°~43°, 남유럽에 위치

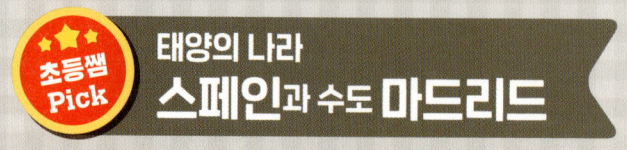

올라(Hola)~!

　스페인어는 4억 명이 넘는 인구가 사용하는 언어로 중국어에 이어 세계에서 두 번째로 많이 사용하는 언어입니다. 영어보다 사용자 수가 많습니다. 그 이유는 무엇일까요? 스페인은 과거 태양의 나라라고 불렸답니다. 아주 먼 옛날 유럽 대륙 사람들은 궁금했어요. 배를 타고 쭉 항해를 해보면 사람이 살고 있는 다른 대륙이 있지 않을까? 이에 스페인 왕실의 후원을 받아 콜럼버스는 항해를 떠나게 되었고, 신대륙을 발견했죠. 그곳이 어딜까요? 지금의 아메리카 대륙이랍니다. 콜럼버스의 신대륙 발견으로 스페인은 아메리카 대륙을 정복했고, 태평양 곳곳의 나라를 정복해 나가기 시작했답니다. 해가 지는 날이 없다고 할 정도로 스페인은 넓은 영토를 통치하게 되었고, 이에 따라 세계에서 두 번째로 많이 사용되는 언어가 스페인어랍니다. 황금기 때의 스페인이 아닌 현재 스페인은 어떤 나라일까요? 스페인은 프랑스 다음으로 관광객이 많이 찾는 나라입니다. 그 이유는 지방마다 스페인만의 독특한 문화가 있기 때문이죠. 스페인은 축제가 안 열리는 날이 없을 정도로 축제의 나라랍니다. 그중에서 가장 유명한 토마토 축제가 있죠. 8월 마지막 주에 열리는 이 축제는 남녀노소 가리지 않고 잘 익은 토마토를 서로에게 던지며 축제를 즐기기로 유명하답니다.

스페인의 수도 마드리드는 축구를 좋아하는 사람 모두가 동경할 정도로 축구가 유명한 도시이죠. 그런데 마드리드뿐 아니라 스페인의 도시를 관광하다 보면 독특한 것을 발견할 수 있답니다. 바로 오후 2시에서 5시까지 일반 상점의 문을 닫는 '시에스타'입니다. 시에스타는 한낮의 무더위에는 일을 하기가 어렵기 때문에 낮잠으로 체력을 충전하고 저녁까지 일을 하자는 취지랍니다. 또 스웨덴을 설명할 때 언급했던 노벨상을 수상한 작가 세르반테스의 작품 <돈키호테>의 동상이 바로 마드리드 광장에 있죠.

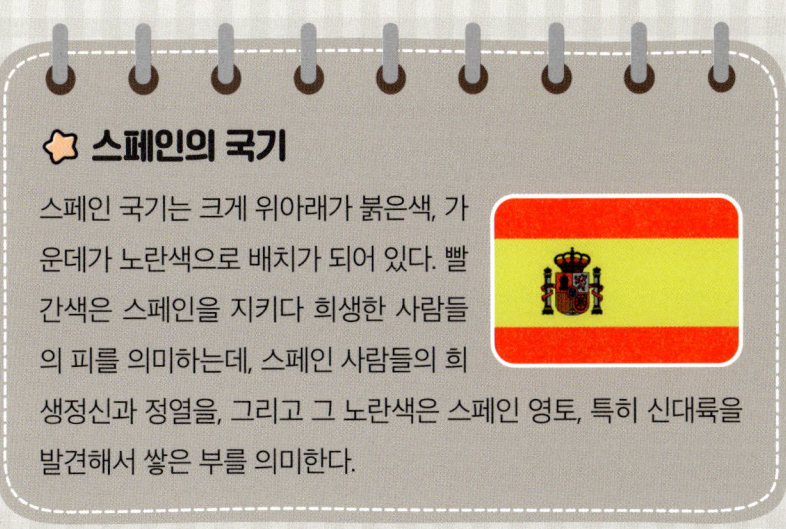

⭐ 스페인의 국기

스페인 국기는 크게 위아래가 붉은색, 가운데가 노란색으로 배치가 되어 있다. 빨간색은 스페인을 지키다 희생한 사람들의 피를 의미하는데, 스페인 사람들의 희생정신과 정열을, 그리고 그 노란색은 스페인 영토, 특히 신대륙을 발견해서 쌓은 부를 의미한다.

3장
아프리카의 수도

아프리카의 수도 ①

ㅇㅋㄹ

가나

- **언어** – 영어, 토착어
- **화폐단위** – 가나 세디(GHS, ₵)
- **면적** – 2,385만 3천ha(세계81위)
- **인구** – 3,412만 1,985명(세계47위)
- **GDP** – 775억 9,428만 달러 (세계67위)
- **종교** – 기독교 71.2%, 이슬람교 18.4% 기타

가나의 위치

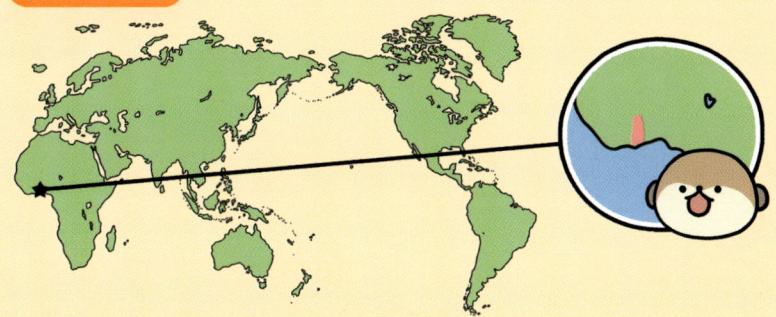

- 동경 1°~서경 3°, 북위 4°~11°, 서아프리카에 위치

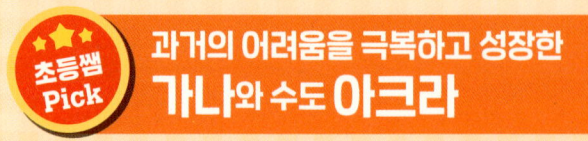

헬로우(Hello)~!

　가나의 공용어는 영어입니다. 영어를 사용하는 이유는 과거 영국의 식민지였기 때문이죠. 가나의 땅에 처음 발을 디딘 나라는 포르투갈이었습니다. 포르투갈인들은 가나의 땅에 많은 지하자원이 있다는 사실을 알게 되었고, 그때부터 유럽 강국이 가나에 진출하게 된 것이죠. 광물 자원을 약탈하고 인간의 노예화에 이르는 식민 지배의 만행을 겪고 독립한 가나는 자신들의 나라에 대한 자긍심이 강합니다. 이러한 나라 사랑이 가나의 위기 극복에 큰 영향을 주지 않았을까요? 가나는 과거 황금 해안이라고 불릴 정도로 금이 많아 현재에도 금은 가나의 주요 수출품이랍니다. 금뿐 아니라 초콜릿의 원료 '카카오'도 매우 중요한 특산품입니다. 우리가 알고 있는 유명한 초콜릿의 상표명도 가나의 이름에서 유래될 정도이죠. 우리나라에서는 재배되지 않는 카카오가 왜 가나에서는 많은 양이 재배될까요? 고온다습하고 토질이 좋은 환경에서 카카오 열매가 잘 자라기 때문이죠. 하지만 기후 위기가 점점 심각해지면서 2050년에는 카카오 재배량이 급격하게 줄어들 거라고 합니다.

가나의 수도 아크라는 어떤 도시일까요? 아크라는 가나의 경제 중심지랍니다. 과거 아크라는 강수량이 적어 사용할 물이 부족하여 어려움을 겪었답니다. 하지만 1965년 볼타호라는 세계 최대의 인공 호수를 완성하였고, 물이 부족한 아크라에 먹을 수 있는 물과 공업에 필요한 물이 확보되었죠. 볼타호는 가나의 경제 발전에 큰 영향을 준 효자랍니다. 아크라는 떠들썩하지만 친절한 도시로 소형 밴을 개량하여 만든 가나의 이동 수단 '트로트로'를 타면 어디든 갈 수 있죠.

가나의 국기

아프리카의 독립 국가 처음으로 에티오피아의 국기에서 사용한 범아프리카색인 빨간색, 노란색, 초록색 세 가지 색을 사용한 국기이다. 빨간색은 가나의 독립을 위해 흘린 피를, 노란색은 나라의 풍부한 광물을, 초록색은 나라의 풍부한 삼림과 천연자원 그리고 자연의 은혜를, 검은색 별은 아프리카인들과 아프리카의 자유를 의미한다.

아프리카의 수도 ②

ㅇ ㅂ ㅈ

 **나이지리아**

- 언어 – 영어
- 화폐단위 – 나이지리아 나이라(NGN, ₦)
- 면적 – 9,237만 7천ha(세계31위)
- 인구 – 2억 2,380만 4,632명(세계6위)
- GDP – 4,407억 7,697만 달러 (세계31위)
- 종교 – 이슬람교 50% (북부), 기독교 40% (남부)

나이지리아의 위치

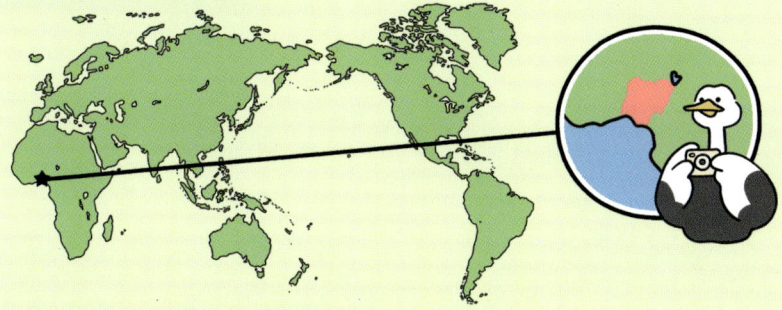

- 서경 5°~15°, 북위 5°~15°, 서아프리카에 위치

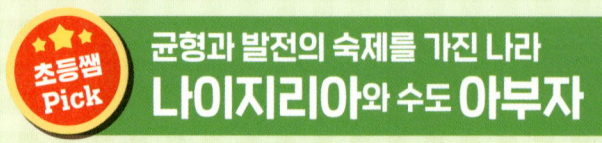

헬로우(Hello)~!

　서아프리카 지역 최강대국으로 뽑히는 나이지리아는 아프리카 1위 인구와 비옥한 토지, 풍부한 지하자원을 자랑하는 나라입니다. 나이지리아를 겨울에 방문하면 앞이 잘 보이지 않는 '하마탄'을 경험하고 깜짝 놀랄 수 있답니다. 하마탄이란 회색의 미세한 먼지와 함께 부는 열풍입니다. 하마탄이 생기는 이유는 바로 사하라 사막 때문이랍니다. 아프리카에서는 사하라 사막을 빼놓고 이야기할 수 없을 정도로 세계 많은 사막 중에 가장 규모가 크고 잡초를 제외하고는 풀과 나무가 자랄 수 없이 더워 거의 모든 생물이 살 수 없는 땅이죠. 아프리카 북쪽에 있는 사하라 사막의 영향을 받아 나이지리아 북쪽은 온도가 높고 건조하며 나이지리아의 남쪽은 12월~1월에 사하라 사막의 모래가 섞인 하마탄이 생겨나는 것입니다. 최근 나이지리아의 큰 이슈는 바로 종교 간 갈등입니다. 1999년도부터 지금까지 벌어지고 있는 이슬람 공동체와 기독교 공동체의 갈등으로 많은 사람이 다치고 죽어 화해와 화합이 필요한 나라이기도 합니다.

나이지리아의 수도 아부자는 어떤 도시일까요? 옛 나이지리아 수도는 아부자가 아니었답니다. 아부자는 작은 지방에 있는 도시에 불과했죠. 옛 나이지리아의 수도는 라고스였답니다. 하지만 라고스는 나이지리아 서남쪽으로 치우쳐 있어서 나라 전체의 균형 발전이 어려워 수도를 이전하게 된 것이죠. 새로운 수도가 바로 나이지리아 중앙에 위치한 아부자랍니다. 아부자는 그때부터 폭발적으로 성장하고 있답니다. 세계에서 가장 빠르게 성장하고 있는 도시 중 하나로 인구 또한 매년 빠르게 유입되고 있죠. 이러한 증가를 감당하기 어려워 교통 체증이 심각하고 살 곳이 없는 사람들이 생겨나 나이지리아의 큰 숙제로 남아 있습니다. 균형과 발전을 잘 이루어 낸 후의 나이지리아의 모습이 참 궁금해집니다.

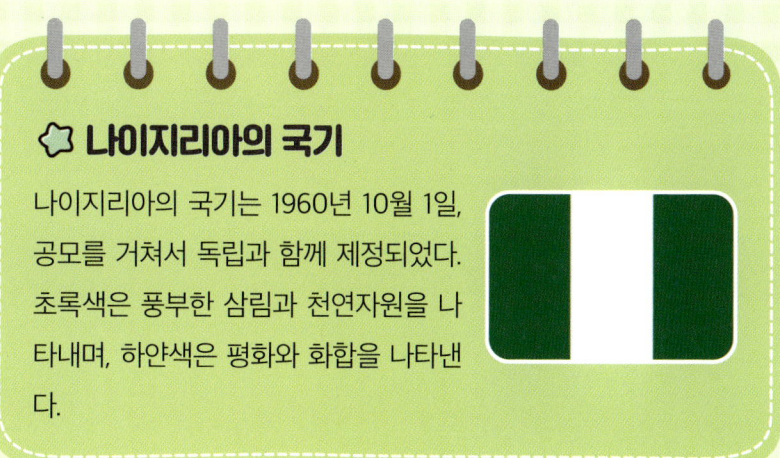

나이지리아의 국기

나이지리아의 국기는 1960년 10월 1일, 공모를 거쳐서 독립과 함께 제정되었다. 초록색은 풍부한 삼림과 천연자원을 나타내며, 하얀색은 평화와 화합을 나타낸다.

아프리카의 수도 ③
ㅋㅇㅍㅌㅇ, ㅍㄹㅌㄹㅇ, ㅂㄹㅍㅌㅇ

 남아프리카 공화국

- **언어** – 영어, 아프리칸스어, 줄루어
- **화폐단위** – 남아프리카 공화국 랜드 (ZAR, R)
- **면적** – 1억 2,190만 9천ha(세계24위)
- **인구** – 6,041만 4,495명(세계24위)
- **GDP** – 4,199억 4,643만 달러 (세계32위)
- **종교** – 기독교 등

남아프리카 공화국의 위치

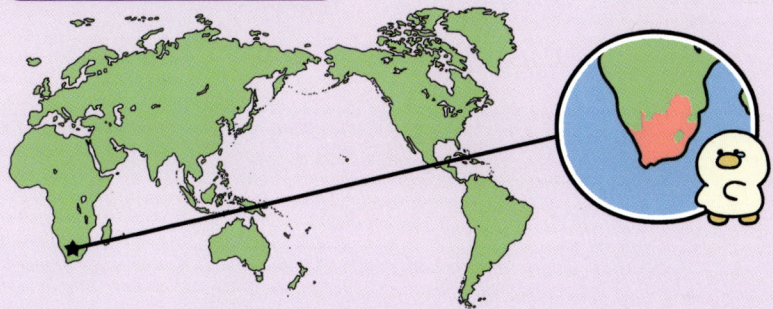

- 동경 16°~32°, 남위 22°~44°, 남아프리카에 위치

헬로우(Hello)~!

　남아프리카 공화국은 무지개의 나라라고 불리기도 한답니다. 그 이유는 흑인, 백인, 혼혈, 중국인, 인도인 등 다양한 인종이 함께 어울려 살아가기 때문이죠. 과거 남아프리카 공화국은 유엔 국제 연합에서 쫓겨난 적이 있답니다. 그 이유는 바로 인종 차별 정책(아파르트헤이트) 때문이었죠. 모든 인종의 평등을 중시하는 유엔에서는 그런 정책을 받아들이기 어려웠던 것이죠. 그러나 1994년 남아공 최초 흑인 대통령이 취임했고, 인종 차별 정책을 폐지하면서 다시 국제적인 지위를 찾을 수 있었답니다. 그리고 무지개의 나라라는 좋은 별칭을 얻게 된 것이죠. 또 남아공은 아프리카 제일 남쪽 끝에 있는 나라로 아름답고 축복받은 나라랍니다. 그 이유는 아프리카 대륙에서 가장 많은 유네스코 세계유산을 보유하고 있고 다양한 생태계 속 동물들을 보호하여 자연과 도시가 공존하기 때문입니다. 이에 우리나라에서는 볼 수 없는 동물과 식물들을 만나볼 수 있답니다. 그리고 남아공은 우리나라처럼 사계절이 있는 나라랍니다. 하지만 우리가 살고 있는 북반구의 반대쪽 남반구에 위치하기 때문에 우리나라와 계절이 반대이죠.

남아프리카 공화국 수도는 어디일까요? 놀랍게도 한 군데가 아닌 세 개의 도시랍니다. 바로 프리토리아, 블룸폰테인, 케이프타운입니다. 프리토리아는 행정을 맡고 있고, 블룸폰테인은 사법, 케이프타운은 입법을 맡고 있죠. 한국으로 따지면 서울 안에 있는 대통령실, 대법원, 국회의사당이 다른 도시로 나뉘어 있는 것과 같답니다. 세 도시의 규모와 영향력이 비슷하고, 하나의 수도로 기능을 몰아주면 한쪽으로 치우치는 것을 경계하여 수도를 세 곳으로 한 것이죠.

✿ 남아프리카 공화국의 국기

남아프리카 공화국의 국기는 1994년 아파르트헤이트가 폐지되면서 남아프리카 공화국의 문화를 모두 포괄할 수 있는 새 디자인으로 채택되었다. 여러 색의 문장이나 무늬가 들어있지 않은 국기들 중에서 6색 이상을 사용하는 국기는 남수단의 국기와 더불어 단 두 나라뿐이다.

아프리카의 수도 ④

ㄹ ㅂ ㅌ

 **모로코**

- **언어** – 아랍어, 베르베르어, 불어(상용)
- **화폐단위** – 모로코 디르함(MAD)
- **면적** – 4,465만 5천ha(세계57위)
- **인구** – 3,784만 44명(세계39위)
- **GDP** – 1,327억 2,526만 달러 (세계56위)
- **종교** – 이슬람교(수니파, 98.7%), 기독교 1.1%

모로코의 위치

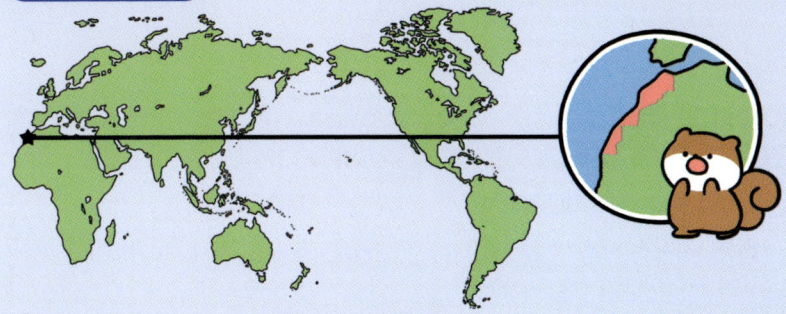

- 서경 27.5°~36°, 북위 2°~13°, 아프리카 북서부에 위치

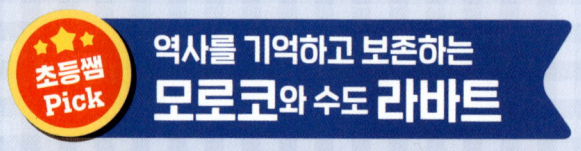

앗쌀람 알라이쿰(السلام عليكم)!

　아프리카 북서부 지역에 위치한 모로코는 세계적으로 많이 알려지지는 않았지만 숨은 매력이 참 많은 국가랍니다. 우선 모로코는 이슬람 나라입니다. 따라서 이슬람교에서 금하는 돼지고기 대신에 닭고기와 쇠고기, 양고기, 낙타고기, 생선으로 만든 전통 요리가 많죠. 그렇다면 왜 이슬람 나라는 돼지고기를 금할까요? 그들이 돼지라는 동물을 바라보는 시선 때문이랍니다. 돼지는 아무 것이나 먹고 더러운 곳에서 지저분하게 사는 동물이므로 먹어서는 안 된다는 것이 이유지요. 그래서 이슬람을 믿는 나라를 방문하면 돼지고기를 찾아볼 수 없는 것입니다. 앞에서 언급했듯이 모로코는 숨은 매력이 참 많은 나라예요. 온 마을이 하늘색이라면 어떨 것 같나요? 하늘과 비슷한 색깔로 보기만 해도 시원하고 아름다울 것 같은데 모로코에 그런 마을이 있다고 합니다. 바로 세프샤우엔이랍니다. 스머프 마을이라고도 불리는 이 마을은 과거 모로코로 이주한 유대인들이 건물을 하늘색으로 칠한 데서 시작했어요. 중세 시대 종교적 박해 때문에 유대인들은 이곳저곳 도망을 다니다 이곳에 정착하게 된 슬픈 역사가 있죠. 하늘색은 유대인들이 성스럽게 여기는 색깔이라고 합니다.

　모로코의 수도 라바트는 북아프리카에서 인구 10만 명 이상의 도시 중에서 가장 아름다운 도시로 알려져 있답니다. 라바트에 위치한 하산 타워는 라바트에서 가장 유명한 곳이에요. 완성되지 않은 이슬람 사원의 터가 있는 장소인데 왜 유명할까요? 그 이유는 모로코의 독립을 선언했던 모하메드 5세 국왕과 그의 아들인 하산 2세가 잠든 장소이기 때문이죠. 북아프리카 최대 규모의 이슬람 사원을 건설하려 했지만 왕이 사망하면서 공사가 중단된 곳이죠. 완성되지도 않은 이곳을 많은 사람이 사랑하는 이유는 그들의 이야기가 담긴 곳이기 때문일 것입니다.

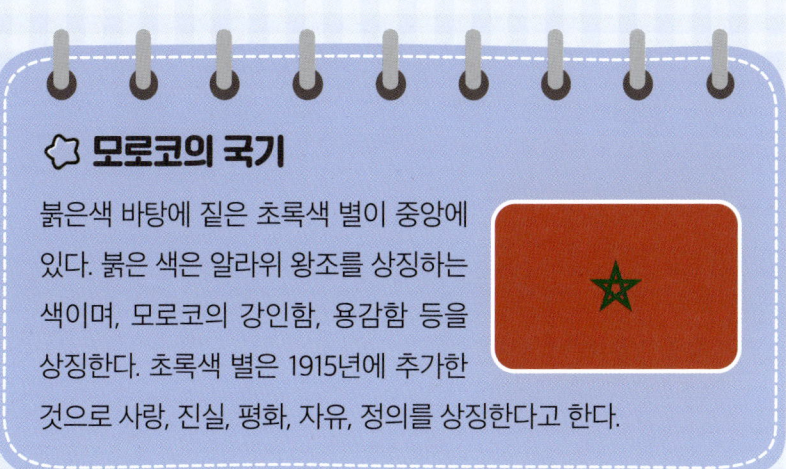

모로코의 국기

붉은색 바탕에 짙은 초록색 별이 중앙에 있다. 붉은 색은 알라위 왕조를 상징하는 색이며, 모로코의 강인함, 용감함 등을 상징한다. 초록색 별은 1915년에 추가한 것으로 사랑, 진실, 평화, 자유, 정의를 상징한다고 한다.

아프리카의 수도 5

ㅇㄷㅅㅇㅂㅂ

 에디오피아

- **언어** – 암하라어, 영어
- **화폐단위** – 에티오피아 비르(ETB, Br)
- **면적** – 1억 1,362만 3,954.4ha (세계26위)
- **인구** – 1억 2,652만 7,060명(세계11위)
- **GDP** – 1,112억 7,111만 달러(세계58위)
- **종교** – 에티오피아 정교 43.5%, 이슬람교 34% 등

에티오피아의 위치

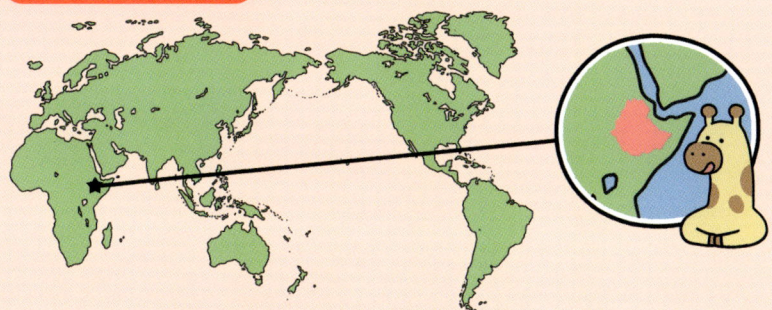

- 동경 40°, 북위 9.1°, 아프리카 북동부에 위치

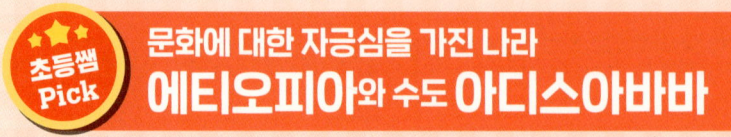

문화에 대한 자긍심을 가진 나라
에티오피아와 수도 아디스아바바

살람(ሰላም)~!

많은 사람이 알고 있는 것처럼 에티오피아는 커피로 유명하답니다. 커피 생산이 아프리카와 아메리카 대륙에 집중된 이유는 바로 자연환경 때문이에요. 커피나무는 온도에 예민하기 때문이죠. 15°~25°의 기온이 최적 재배 환경이고 그 이상, 그 이하의 온도에서는 서식할 수 없죠. 또 에티오피아는 커피 생산뿐 아니라 커피를 마시는 문화를 가지고 있는 나라이죠. 커피를 볶아 커피 향이 도드라지게 한 후 석 잔의 커피를 마시는 것이 예의입니다. 첫 잔은 우애, 둘째 잔은 평화, 셋째 잔은 축복을 담아 마신답니다. 에티오피아의 중요한 사실 중 하나는 아프리카 대부분 나라가 식민 지배를 받았지만 에티오피아는 식민 지배를 당하지 않았다는 것이죠. 이에 식민 지배에서 벗어난 아프리카 각국이 새 국기를 제정할 때 에티오피아의 국기 색을 참고했답니다. 특히 에티오피아는 아프리카에서 유일하게 자기들의 고유 문자 '암하라어'를 가진 나라랍니다. 바로 우리나라의 한글처럼요.

에티오피아의 수도 아디스아바바는 에티오피아의 경제, 행정,

정치, 교유, 문화의 중심지이며 에티오피아 말로 새로운 꽃이라는 뜻을 가지고 있답니다. 아디스아바바에 위치한 국립박물관에는 역사적으로 아주 중요하고 깜짝 놀랄 유적이 전시되어 있답니다. 바로 인류 최초의 직립보행 인류 '루시'랍니다. 에티오피아의 강가에서 발견된 화석으로 여러 뼈를 분석해 본 결과 루시는 320만 년 전에 살았고, 키 1.1m에 몸무게는 29kg이며 외모는 침팬지처럼 생겼을 것이라고 합니다. 아디스아바바의 국립박물관을 방문하면 실제 루시의 뼈와 그 당시를 재현한 모습을 직접 눈으로 볼 수 있다고 합니다.

에디오피아의 국기

초록, 노랑, 빨강의 삼색 배열이 범아프리카색이라 불리게 된 것은 에티오피아 때문이다. 19세기 에티오피아는 아프리카에서 유일하게 독립을 유지한 나라였다. 이 때문에 에티오피아를 아프리카의 여러 나라의 독립운동가들이 동경했고, 자연스레 신생 독립국들의 국기를 디자인할 때 에티오피아의 국기를 참고하여 에티오피아의 국기 색 배열이 아프리카 전역에서 쓰이게 되었다.

아프리카의 수도 ⑥

ㅋ ㅇ ㄹ

 **이집트**

- **언어** – 아랍어
- **화폐단위** – 이집트 파운드(EGP, £E)
- **면적** – 1억 14만 5천ha(세계29위)
- **인구** – 1억 1,271만 6,598명(세계14위)
- **GDP** – 4,041억 4,277만 달러 (세계34위)
- **종교** – 이슬람(수니파) 90%, 기독교10%

이집트의 위치

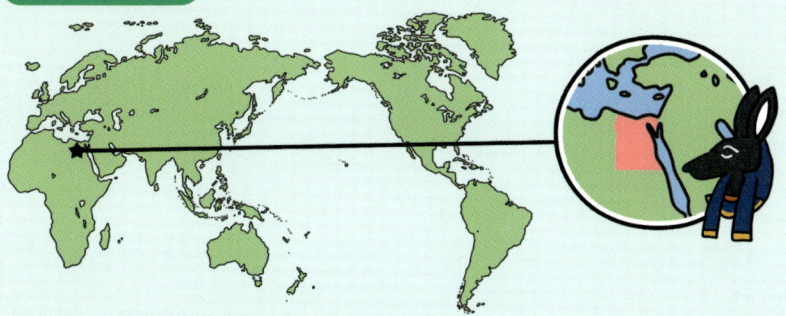

- 동경 24°~34°, 북위 22°~31°, 아프리카 북동부에 위치

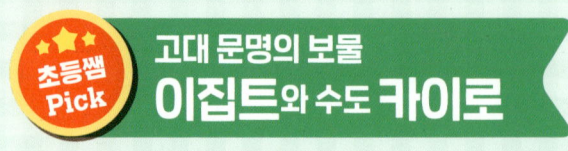

앗쌀람 알라이쿰(السلام عليكم)~!

　4대 문명 중에 나일강에서 시작된 고대 문명이 발달했던 나라는 어디일까요? 바로 이집트랍니다. 기원전 4000년 나일강에서 문명 발달이 시작되었습니다. 나일강은 매년 5월 폭우로 인해 나일강이 범람하였는데 그 물이 나일강 주변의 땅을 비옥하게 하여 농사를 지을 수 있는 환경을 만들어 주었던 것이죠. 그곳에 사람들이 모여 살면서 이집트 고대 문명이 시작되었답니다. 얼마나 오래전이냐면 과학 시간에 배웠던 매머드가 살았던 시절이죠. 이집트 하면 떠오르는 것은 무엇이죠? 바로 피라미드인데요. 피라미드는 도대체 어떤 이유로 만들어지게 된 것일까요? 이집트 고대 문명에서 최고 통치자를 파라오라고 불렀답니다. 파라오의 육체가 죽게 되면 영혼은 다시 돌아온다고 사람들은 믿었죠. 그 영혼이 돌아와서 쉴 주거 공간이 바로 피라미드랍니다, 높이는 147m 정도이고 220만 개의 돌을 사용하여 지었다니 정말 어마어마하네요! 이렇게 중요한 공간인 피라미드 앞에는 피라미드를 지키는 동물이 있답니다. 바로 스핑크스이죠. 사자의 몸에 사람의 머리 그리고 독수리의 날개가 달린 상상 속의 동물이죠.

역사가 깊은 이집트의 수도는 바로 카이로입니다. 카이로는 이집트의 수도이자 최대 도시이죠. 현재의 카이로는 아랍 연맹을 포함한 여러 국제기구의 본부가 있는 곳으로 아랍의 수도라는 별명을 가지고 있을 정도로 중요한 도시입니다. 현재의 이집트는 빈부 격차가 크고 소득 수준이 전체적으로 낮아 어려움을 겪고 있지만, 아랍 세계에서 최첨단 정보 기술 선진국으로 도약 중인 나라입니다. 이집트 스타트업의 92%가 카이로 도시에 집중되어 있고 발달 가능성이 굉장히 높은 도시 중 하나랍니다.

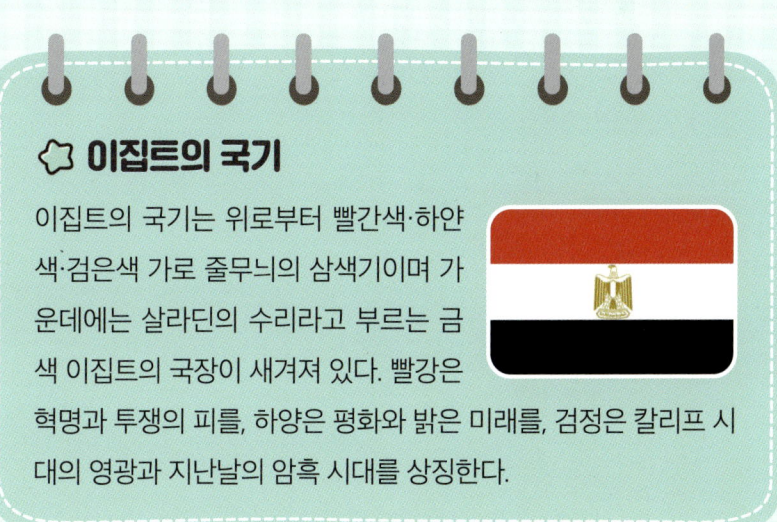

이집트의 국기

이집트의 국기는 위로부터 빨간색·하얀색·검은색 가로 줄무늬의 삼색기이며 가운데에는 살라딘의 수리라고 부르는 금색 이집트의 국장이 새겨져 있다. 빨강은 혁명과 투쟁의 피를, 하양은 평화와 밝은 미래를, 검정은 칼리프 시대의 영광과 지난날의 암흑 시대를 상징한다.

아프리카의 수도 ⑦

ㄴ ㅇ ㄹ ㅂ

 케냐

- **언어** – 영어, 스와힐리어
- **화폐단위** – 케냐 실링(KES, KSH)
- **면적** – 5,803만 7천ha(세계47위)
- **인구** – 5,510만 586명(세계26위)
- **GDP** – 1,103억 4,708만 달러 (세계59위)
- **종교** – 기독교 80%, 이슬람 10%, 기타 10%

케냐의 위치

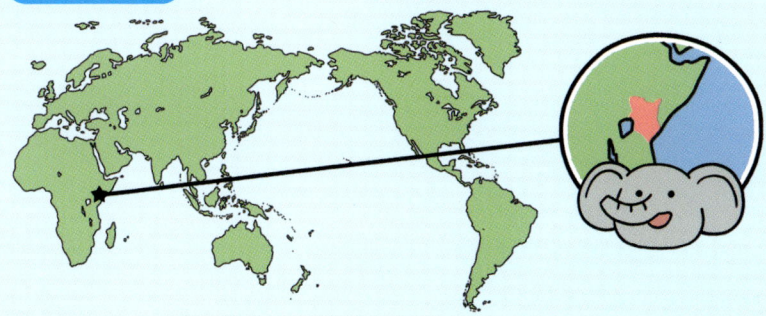

- 동경 34°~42°, 북위 5°~남위 5°, 아프리카 동부에 위치

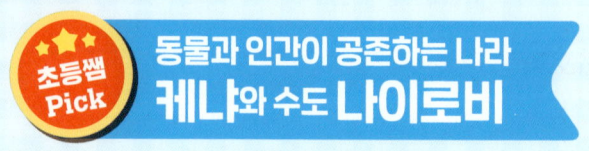

잠보(Jambo)~!

케냐 하면 어떤 모습이 떠오르나요? 드넓은 초원에서 뛰놀고 있는 동물들이 떠오르는 친구들이 많을 텐데요. 맞습니다. 케냐는 야생 동물의 천국입니다. <라이온킹>이라는 영화를 알고 있나요? 새끼 사자 심바가 왕이 되는 과정을 그린 성장 영화죠. 이 영화의 배경이 바로 케냐랍니다. 케냐 중에서도 가장 많은 영감을 준 장소는 바로 마사이마라 국립공원이랍니다. 이곳은 세계적으로 유명한 야생 동물 보호 구역이죠. TV 프로그램 <동물의 왕국>에 자주 나오는 촬영지이기도 하답니다. 이처럼 코끼리, 사자, 기린, 얼룩말 등 다양한 야생 동물이 살 수 있는 이유는 바로 케냐의 자연환경 때문이랍니다. 케냐는 바다와 접한 지역은 낮은 고도를 형성하지만 수도인 나이로비 방향인 내륙으로 들어갈수록 고도가 높아집니다. 이런 환경 덕분에 야생 동물이 케냐에서 자유롭고 행복하게 살고 있고 이를 보호하기 위해 여러 야생 동물 보호지구가 있답니다. 케냐의 사람들은 자신들에게 주어진 환경을 보존하고 그 속에서 살아가기 위해 노력합니다.

케냐의 수도 나이로비는 어떤 도시일까요? 나이로비는 동아프리카 최대의 상업 도시입니다. 고층 빌딩, 많은 기업의 건물과 문화 시설이 있죠. 하지만 놀랍게도 남쪽으로 8km 정도만 나가도 굉장히 유명한 나이로비 국립공원이 있답니다. 도시와 자연이 공존하는 것이죠. 그곳에는 수많은 야생 동물이 살고 있죠. 이런 나이로비의 모습만 봐도 앞서 말한 것처럼 케냐 사람들이 자연을 대하는 태도를 알 수 있답니다. 케냐의 언어 중에 이런 말이 있습니다. '하쿠나마타타!' 그 뜻은 '근심과 걱정은 모두 떨쳐버리자, 욕심을 버리면 즐겁기 때문이다.'입니다.

케냐의 국기

케냐의 국기는 케냐의 독립 운동을 주도한 케냐의 정치 단체인 케냐 아프리카 민족 동맹의 기를 바탕으로 한 디자인이다. 검은색, 빨간색, 초록색 가로 줄무늬 사  이에 얇은 하얀색 가로 줄무늬 두 개가 그려져 있으며 국기 가운데에는 마사이족의 방패와 창이 그려져 있다. 흰색은 평화를 뜻하며, 마사이족의 방패와 창은 자유의 수호를 나타낸다.

아프리카의 수도 8

ㅂㄹㅈㅂ

 콩고 공화국

- **언어** – 프랑스어
- **화폐단위** – 중앙아프리카 CFA 프랑 (XAF, FCFA)
- **면적** – 3,420만ha(세계64위)
- **인구** – 610만 6,869명(세계112위)
- **GDP** – 125억 2,396만 달러 (세계130위)
- **종교** – 기독교 50%, 토착신앙 48%, 이슬람 2%

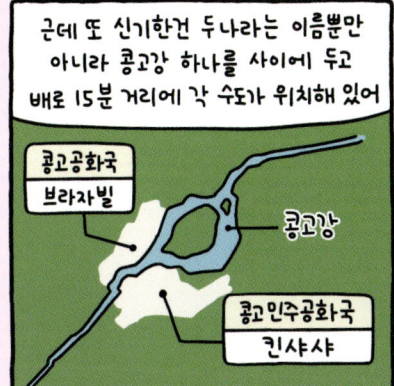

콩고 공화국의 위치

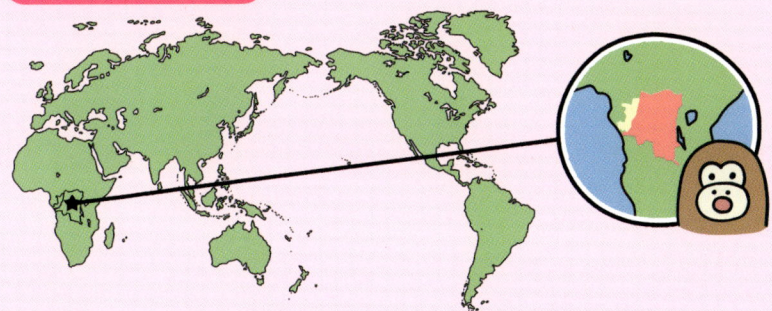

- 동경 13°, 북위 0°, 아프리카 중앙에 위치

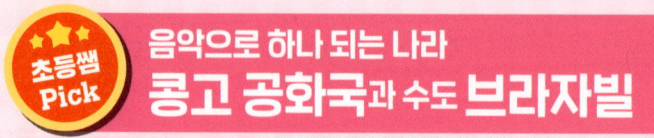

봉주르(Bonjour)~!

콩고는 어떤 나라일까요? 아프리카 대륙의 중서부에 위치한 콩고의 정식 명칭은 콩고 공화국입니다. 그런데 지도를 보면 바로 옆에 콩고 민주 공화국이라는 나라가 있답니다. 같은 나라일까요? 콩고 민주 공화국과 콩고 공화국은 다른 나라입니다. 콩고강을 두고 국경이 나뉘어져 있죠. 콩고 공화국의 수도 브라자빌과 콩고 민주 공화국의 수도 킨샤사는 위치가 굉장히 가까워 이는 세계적으로 희귀한 경우랍니다. 두 나라의 관계는 어떨까요? 콩고 공화국은 콩고 민주 공화국과 콩고강을 둘러싼 지역을 놓고 영토 분쟁을 벌이고 있습니다. 콩고강은 가장 울창한 정글과 아프리카에서도 가장 개척이 덜 된 지역을 통해 흐르죠. 콩고강의 보요마 폭포는 60m를 낙하하며 이곳에서 토해내는 물의 양은 세계 최대라고 합니다. 물의 양이 많고, 높은 곳에서 물이 떨어지는 폭포까지 있어 잠재적인 수력 발전량이 엄청난 곳이죠.

프랑스 인사말에서 알 수 있듯이 콩고는 프랑스의 식민 지배를 받았던 곳입니다. 브라자빌은 프랑스 탐험가 피에로 사보르냥 드

브라자가 설립한 도시로 그의 이름을 따서 브라자빌이라고 지어졌답니다. 처음에는 작은 마을이었지만 프랑스 식민지 행정의 중심지로 발전했고 콩고강을 통한 무역과 교통의 중심지로 성장한 도시이죠. 앞서 말한 콩고 민주 공화국의 수도 킨샤사와 브라자빌의 관계는 어떨까요? 앞서 설명한 영토 분쟁과는 별개로 두 나라의 수도는 배를 타고 가야 하지만 활발한 교류를 한다고 합니다. 콩고는 아프리카 음악의 중심지입니다. 콩고 룸바는 음악의 장르이자 하나의 춤이고 콩고 민주 공화국과 콩고 공화국이 영토 분쟁을 함에도 허물없이 지낼 수 있게 만드는 이유이죠. 흥이 많은 콩고 사람의 춤과 음악은 콩고 곳곳에서 찾아볼 수 있답니다.

🌸 콩고 공화국의 국기

사하라 이남 아프리카를 상징하는 범아프리카색들 중 하나인 초록색, 노란색, 빨간색으로 구성되어 있으며 대각선(왼쪽 아래에서 오른쪽 위로)으로 그려져 있다. 초록색은 미래의 희망, 풍부한 삼림 등의 자원과 나라의 자연을, 노란색은 정직, 관대함과 자부심, 자연의 풍요로움과 부를, 빨간색은 자유에 대한 투쟁과 열정을 나타낸다.

남아메리카의 수도 ① 브ㄹㅈㄹㅇ

 **브라질**

- 언어 – 포르투갈어
- 화폐단위 – 브라질 헤알(BRL, R$)
- 면적 – 8억 5,157만 7천ha(세계5위)
- 인구 – 2억 1,642만 2,446명(세계7위)
- GDP – 1조 6,089억 8,122만 달러 (세계12위)
- 종교 – 기독교 81%, 기타 9% 등

브라질의 위치

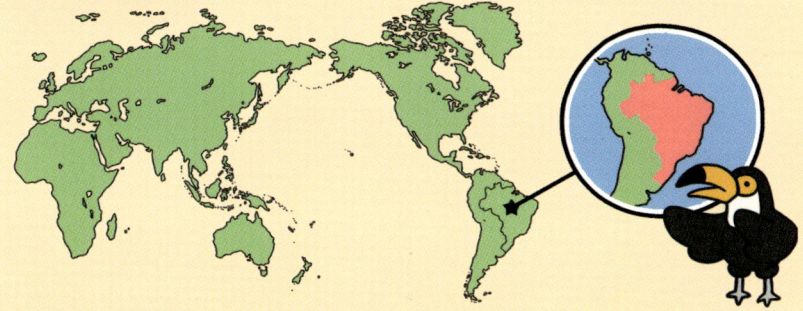

- 서경 34°~73°, 남위 5°~33°, 남아메리카 중앙에 위치

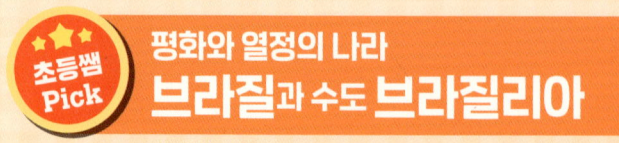

봉지아(Bom dia)~!

　남아메리카 중앙에 위치한 브라질은 어떤 나라일까요? 열정의 삼바 축제나 지구의 허파 아마존강이 떠오르죠. 브라질에는 지구의 허파라고 불리는 아마존강이 자리 잡고 있답니다. 아마존강은 세계에서 가장 넓고 가장 많은 생물이 살고 있는 열대 우림 지역이랍니다. 브라질, 콜롬비아, 에콰도르, 페루를 지나 아마존의 60%는 브라질에 자리 잡고 있죠. 아마존을 지구의 허파라고 부르는 이유는 아마존강의 많은 나무 때문이랍니다. 이 나무들이 이산화 탄소를 흡수하여 지구의 공기가 깨끗해지는 데 큰 역할을 하죠. 그런데 1분마다 아마존에서는 축구 경기장 크기의 숲이 하나씩 사라지고 있다고 합니다. 사람들이 나무를 불법으로 벌목하여 판매하거나, 기후 변화로 나무들이 사라지고 있기 때문이죠. 이에 브라질에서는 아마존강을 지키기 위해서 노력을 하고 있습니다. 또 브라질은 중남미의 리더 역할도 하고 있답니다. 브라질은 중남미에서 가장 발달한 국가로서 유럽 연합(EU)처럼 남미 공동 시장을 만들어 국가 간의 무역을 자유롭게 하고, 분쟁이나 범죄 그리고 환경 문제를 해결하기 위해 노력하고 있습니다.

평화 지킴이 브라질의 수도 브라질리아는 어떤 도시일까요? 브라질리아는 도시 전체가 유네스코 세계문화유산으로 지정되었답니다. 그 이유는 무엇일까요? 바로 브라질리아의 도시 모습 때문이랍니다. 브라질리아는 도시 계획에 따라 만들어진 곳입니다. 도시 전체를 제트기 모양으로 설계해서 비행기 조종실에 해당하는 곳에는 정부 기관 건물들을 배치했고, 좌우 날개 부분에는 주택과 상점 등을 두었죠. 그리고 그 건물도 단순한 직육면체의 빌딩이 아닌 피라미드 모양, 위로 향한 접시 모양 등 독특한 디자인으로 건물을 설계했어요. 상상 속 도시의 모습이 실제로 이루어지다니 정말 놀랍지 않나요?

✿ 브라질의 국기

브라질의 국기 이름은 '노랑과 초록'을 뜻하는 '아 아우리베르지(A Auriverde)'이다. 초록 바탕에는 노란색 마름모가 있고 그 안에 파랑 원이 있으며 원 안에는 흰색 띠가 가로질러 있다. 초록은 농업과 산림 자원을, 노랑은 광업과 지하 자원을, 파랑은 하늘을 나타낸다.

남아메리카의 수도 ②

ㅂㅇㄴㅅㅇㅇㄹㅅ

 아르헨티나

- 언어 – 에스파냐어
- 화폐단위 – 아르헨티나 페소(ARS, $)
- 면적 – 2억 7,804만ha(세계8위)
- 인구 – 4,577만 3,884명(세계33위)
- GDP – 4,914억 9,270만 달러 (세계27위)
- 종교 – 가톨릭교 63%, 개신교 16%, 기타 등

아르헨티나의 위치

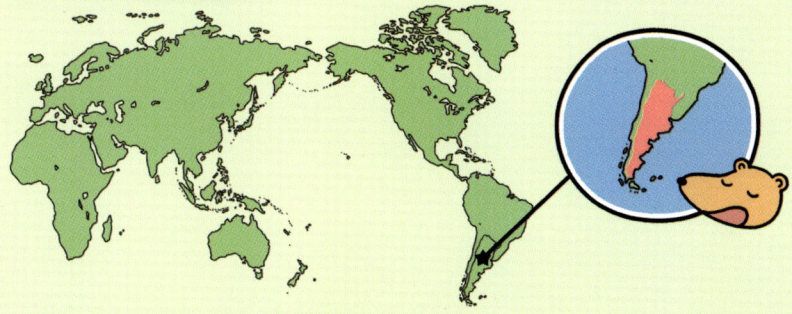

- 서경 53°~ 73°, 남위 21°~55°, 남아메리카 남동부에 위치

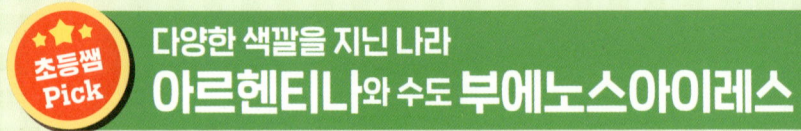

올라(Hola)~!

과거 아르헨티나가 세계 10대 경제 대국이었던 것 알고 있었나요? 그 이유는 바로 아르헨티나의 팜파스 때문이랍니다. 팜파스란, 넓게 펼쳐져 있는 초원을 말한답니다. 아르헨티나 국토의 5분의 1이 팜파스인데 농업에 적합한 비옥한 땅으로 밀과 옥수수를 대량으로 생산할 수 있었고, 넓은 초원에서 양과 소를 길러 수출하면서 돈을 많이 벌어 손꼽히는 경제 대국이 되었던 것이죠. 하지만 농업과 목축업에 지나치게 의존하고 다른 산업으로 발달하지 못하여 강대국 대열에서 이탈되었어요. 현재는 관광업이 발달하여 아르헨티나의 다양한 자연환경을 보기 위해 많은 관광객이 방문한답니다. 그중에서 신기한 도시는 파타고니아입니다. 앞서 말한 팜파스와 빙하가 함께 있는 곳이죠. 어떻게 초원과 빙하가 함께 있는 걸까요? 아르헨티나는 남북으로 국토가 넓게 뻗어 있어 온갖 종류의 지형을 두루 갖고 있기 때문이랍니다. 아르헨티나는 열대우림과 빙하를 동시에 갖춘 몇 안 되는 나라랍니다.

아르헨티나의 수도 부에노스아이레스는 다양한 색깔을 가지고 있는 문화의 중심지이자 남아메리카에서 가장 큰 도시 중 하나예요. 앞서 말했던 것처럼 아르헨티나가 과거에 농업과 목축업으로 손꼽히는 경제 대국이었을 때 수출을 맡았던 곳이 바로 부에노스아이레스였습니다. 이 시기에 가난한 유럽의 노동자들이 일거리를 찾아 이곳으로 왔고, 아르헨티나가 경제적으로 상황이 나빠지자 일자리를 구하지 못한 가난한 이민자들이 만든 음악이 바로 탱고였답니다. 탱고는 가난한 사람들의 절망과 고독, 사랑에 대한 갈망을 담은 춤으로 가난한 이들의 오락거리였으나, 이제는 세계적인 문화가 되어 유럽에도 전해지면서 남미와 유럽의 문화가 어우러져 정열과 열정의 음악이라는 명칭까지 얻게 되었죠.

아르헨티나의 국기

아르헨티나의 국기는 하늘색, 하얀색, 하늘색으로 구성된 가로 줄무늬 바탕 가운데에 32줄기의 햇살을 가진 5월의 태양이 그려져 있다. 하늘색과 하얀색은 아르헨티나 독립 전쟁 당시 병사들의 군복 색상이었던 하늘색과 하얀색에서 유래되었다. 5월의 태양은 아르헨티나가 스페인에서 독립하는 계기가 된 1810년에 일어난 5월 혁명을 의미한다.

남아메리카의 수도 ③

ㅁ ㅌ ㅂ ㄷ ㅇ

 우루과이

- **언어** – 에스파냐어
- **화폐단위** – 우루과이 페소(Ur$)
- **면적** – 1,762만 2천ha(세계90위)
- **인구** – 342만 3,108명(세계134위)
- **GDP** – 593억 1,955만 달러 (세계79위)
- **종교** – 가톨릭 47%, 기독교 11%, 무교 40%, 기타 등

우루과이의 위치

- 서경 53°~58°, 남위 30°~34°, 남아메리카 남동부에 위치

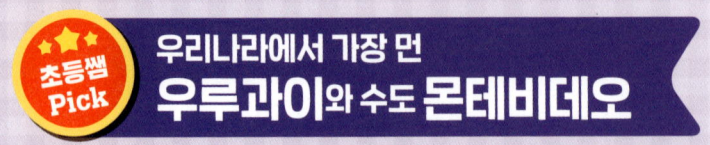

올라(Hola)~!

　남아메리카에 위치한 우루과이는 어떤 나라일까요? 우루과이는 우리나라와 지구 정 반대편에 위치한 나라랍니다. 이론상으로 대한민국에서 수직으로 계속 땅을 파고 내려가면 우리나라 정확히 반대편 지점에서 우루과이가 나오게 되죠. 우루과이는 라틴아메리카 국가 중 1인당 국민 소득이 높은 나라이며 정치적으로 부정부패가 낮고 복지가 잘 되어 있는 선진 국가랍니다. 또한 민주주의 수치가 우리나라보다 높고 빈부격차도 크지 않아 남미의 스위스라고 불리기도 하며 안정적인 나라의 모습을 보여주는 곳이랍니다.

　우루과이의 수도 몬테비데오는 어떤 도시일까요? 우루과이 인구의 3분의 2가 몬테비데오와 그 주변에 집중되어 있을 정도로 상업과 문화의 중심지랍니다. 몬테비데오는 1월 초에서 3월 중순까지 세계에서 가장 큰 축제를 하는 곳이랍니다. 바로 카니발이라는 축제이죠. 카니발은 최대 40일 동안 이어집니다. 가장 오랫동안 열리는 우루과이 최대의 축제랍니다. 우루과이는 우루과이를 지배했던 유럽의 문화와 남미의 문화, 그리고 아프리카에서 이주한 흑인들의 문화가 어우러져 만들어졌답니다. 카니발 기간의 몬테비데오에서는 경쾌한 북장단 소리가 울려 퍼지고 화려한 공연과 거리 행진이 이루어지죠. 이에 우루과이 정부는 카니발 축제를 국가적 재산으로 발표하고 세계로 널리 퍼뜨리기 위해 노력하고 있답니다. 또한 축구를 좋아하는 친구들에게 몬테비데오는 의미가 있는 곳이 될 것입니다. 바로 제1회 FIFA 월드컵을 주최한 도시이기 때문이죠. 몬테비데오에 위치한 축구 박물관에 가면 마라도나 등 우루과이 대표 축구 선수들의 흔적과 역대 월드컵의 역사도 알 수 있답니다. 다채로운 문화와 축구의 역사를 가진 우루과이 그리고 그 수도 몬테비데오였습니다.

🌸 우루과이의 국기

우루과이의 국기는 하얀색 바탕에 파란색과 하얀색으로 구성된 9개의 가로 줄무늬가 그려져 있으며, 왼쪽 상단에는 16줄기의 햇살을 가진 5월의 태양이 그려져 있다. 이 5월의 태양은 잉카 제국의 태양신이다. 9개의 가로 줄무늬는 우루과이가 독립하던 당시에 있었던 9개의 주를 의미한다.

남아메리카의 수도 ④

ㅋ ㅅ ㅌ

 **자메이카**

- 언어 – 영어
- 화폐단위 – 자메이카 달러(JMD, J$)
- 면적 – 109만 9천ha(세계166위)
- 인구 – 282만 5,544명(세계138위)
- GDP – 136억 3,823만 달러 (세계128위)
- 종교 – 개신교 64.8%, 가톨릭 2.2%, 기타 등

자메이카의 위치

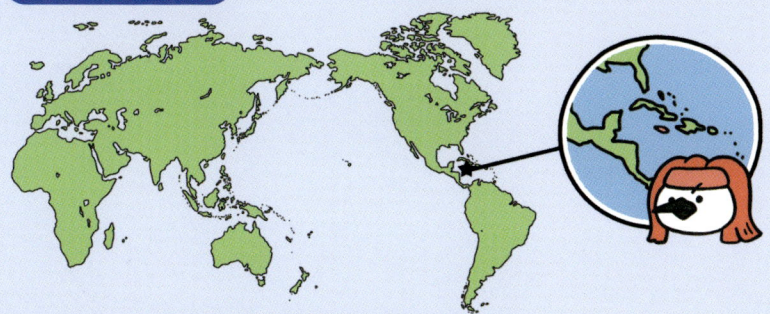

- 서경 77°, 북위 17°~18°, 카리브해 북부 서인도 제도에 위치한 섬

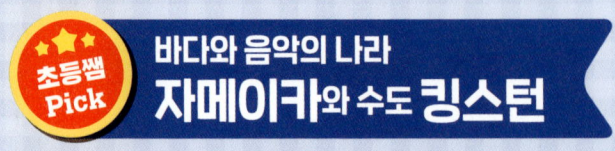

헬로우(Hello)~!

스페인의 후원을 받아 신대륙을 찾기 위해 항해를 떠났던 콜럼버스 기억하나요? 콜럼버스의 눈을 사로잡은 섬나라가 있답니다. 자신이 본 섬 중 가장 아름답다고 극찬한 곳이죠. 바로 카리브해에 위치한 섬나라 자메이카입니다. 전 세계에서 손꼽히는 아름다운 해변을 가지고 있고, 코로나19로 인해 관광 산업이 안 좋았던 2021년에도 외국인 관광객 수가 줄지 않았던 곳이랍니다. 그 정도로 다채로운 자연환경과 자메이카만의 문화가 숨 쉬는 곳이랍니다. 또 자메이카는 레게의 나라죠. 레게 머리라고 들어보았나요? 머리카락을 여러 가닥으로 가늘게 땋아 늘어뜨린 헤어스타일이죠. 레게 음악은 레게 머리를 하고 억압받은 이들의 목소리를 표현하는 음악으로 시작되어 대중화된 장르입니다. 킹스턴 인근 몬테고베이에서는 세계에서 가장 큰 레게 축제, '레게 섬페스트(Reggae Sumfest)'라는 열광적인 축제를 한답니다. 다양한 음악을 들으며 자메이카만의 특색을 느낄 수 있죠.

자메이카의 수도 킹스턴은 어떤 곳일까요? 킹스턴은 자메이카 최대의 항구 도시입니다. 최대의 항구 도시가 된 이유는 바로 자메이카의 특산물 사탕수수와 커피 때문이랍니다. 그중에서도 커피는 세계 3대 커피 중 하나로, 커피를 좋아하는 사람들은 모두 아는 유명한 원산지랍니다. 자메이카의 커피는 어떤 점이 특별할까요? 자메이카 블루마운틴은 블루산맥에서 재배되는 커피입니다. 블루산맥은 해발 2,000m 이상의 고지대로 시원하고 안개도 많고 비도 많이 오기 때문에 커피 재배에 좋은 환경이죠. 그래서 커피 황제라고 부를 만큼 맛과 향이 뛰어나답니다. 이에 킹스턴은 자메이카의 농업, 상업, 운송 중심지의 역할을 하게 되어 지금의 모습으로 성장하게 되었답니다.

자메이카의 국기

국기 가운데에는 X자 모양의 노란색 성 안드레아 십자가 그려져 있으며 십자가 왼쪽과 오른쪽에는 검은색 삼각형, 십자가 위쪽과 아래쪽에는 초록색 삼각형이 그려져 있다. 노란색은 자메이카의 천연 자원과 빛나는 태양을, 검은색은 자메이카 국민의 역량과 창조를, 초록색은 자메이카의 농업과 미래에 대한 희망을 의미한다.

남아메리카의 수도 ⑤

ㅅㅌㅇㄱ

 **칠레**

- **언어** – 에스파냐어
- **화폐단위** – 칠레 페소(CLP, Ch$)
- **면적** – 7,567만ha(세계37위)
- **인구** – 1,962만 9,590명(세계65위)
- **GDP** – 3,170억 5,851만 달러 (세계42위)
- **종교** – 가톨릭 54%, 개신교 14%, 기타 등

칠레의 위치

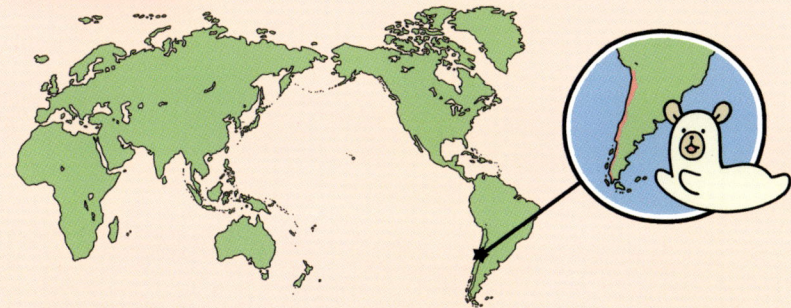

- 서경 63°~75°, 남위 17°~55°, 남아메리카 남서부에 위치

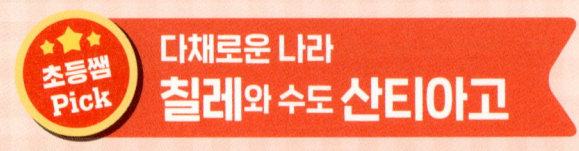

올라(Hola)~!

세계 지도를 보면 남북으로 긴 영토를 가진 나라를 찾을 수 있답니다. 바로 칠레입니다. 칠레는 어떤 나라일까요? 남북 간의 위도 차가 커서 하루에 봄, 여름, 가을, 겨울이 다 있답니다. 즉 어떤 도시는 선선하고, 어떤 도시는 덥고, 또 어떤 도시는 춥다는 뜻이지요. 날씨뿐 아니라 다양한 지리적 특징도 나타난답니다. 뜨거운 사막부터 활활 타오르는 화산, 그리고 꽁꽁 언 빙하까지 다양한 지리적 모습을 하나의 나라에서 찾아볼 수 있죠. 칠레는 영토 전체가 환태평양 지진대에 해당하는 지역이라 크고 작은 지진과 화산 폭발이 자주 발생하는 곳입니다. 이곳은 전 세계 지진의 80%가 발생하는 곳이죠. 그 이유는 무엇일까요? 지구는 여러 판으로 합쳐져 있는데 칠레가 있는 곳이 판과 판 사이라 지진이 자주 발생하는 것이죠. 하지만 판과 판 사이에 있다고 단점만 있는 것은 아니랍니다. 칠레는 세계 최대의 구리 광산을 가지고 있습니다. 구리가 많이 만들어지는 이유가 칠레의 이러한 지리적 특징 때문이죠. 두 판의 마찰에 의해 땅 깊숙이 거대한 마그마 저장고가 만들어지면서 구리의 생성이 이루어진 것이죠. 여러 산업에서 구리가 많이 사용되기 때문에 칠레의 경제에 큰 도움을 주었죠.

칠레의 수도 산티아고는 칠레의 산업 및 금융 중심입니다. 브라질의 상파울루와 아르헨티나의 부에노스아이레스와 더불어 남미 3대 경제 중심지 중 하나이죠. 또 칠레는 와인의 나라라고 불릴 정도로 와인이 유명합니다. 적절한 기후와 영양이 풍부한 토양으로 해충의 피해를 입지 않는 포도를 생산할 수 있죠. 수도 산티아고를 중심으로 포도를 재배하고 와인을 만들어 산티아고만의 문화를 만들었습니다.

칠레의 국기

국기 아래쪽에는 빨간색 가로 줄무늬, 국기 위쪽에는 하얀색 가로 줄무늬가 그려져 있으며 깃대 왼쪽 상단에는 파란색 정사각형이 그려져 있다. 정사각형 안에는 하얀색 별이 그려져 있다. 스페인어로는 '외로운 별'이라는 뜻을 가진 '라 에스트레야 솔리타리아(La Estrella Solitaria)'라고 부른다. 빨간색은 독립을 위해 선조들이 흘린 피를, 파란색은 하늘과 태평양을, 하얀색은 하얀 눈에 덮인 안데스 산맥을, 별은 명예와 진보의 길잡이를 의미한다.

남아메리카의 수도 ⑥

ㅂㄱㅌ

 **콜롬비아**

- 언어 – 에스파냐어
- 화폐단위 – 콜롬비아 페소(COP, Col$)
- 면적 – 1억 1,406만 1,905ha(세계25위)
- 인구 – 5,208만 5,168명(세계28위)
- GDP – 3,143억 2,245만 달러 (세계43위)
- 종교 – 기독교 87%, 무교 11.1%, 기타 등

콜롬비아의 위치

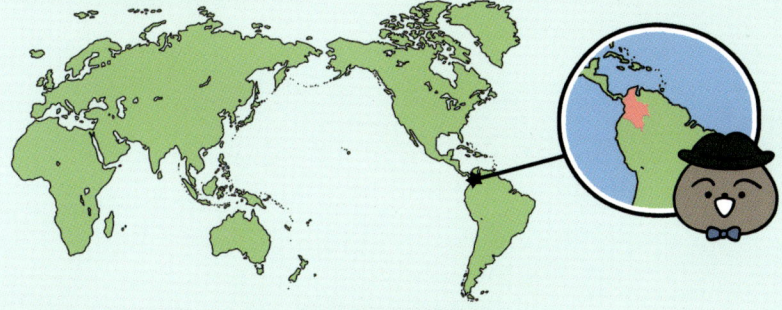

- 서경66.5°~79°, 북위 12°~남위 4°, 남아메리카 서부에 위치

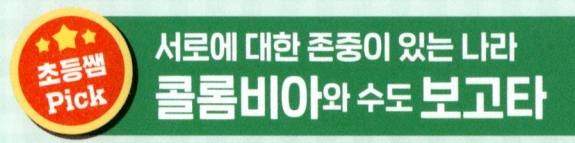

올라(Hola)~!

　남아메리카 대륙의 북서쪽 끝에 있는 나라, 콜롬비아와 수도 보고타는 어떤 곳일까요? 보고타는 안데스산맥의 높은 곳에 위치하여 케이블카를 타고 올라가면 보고타를 둘러싸고 있는 안데스산맥의 전망을 살펴볼 수 있죠. 여러 대학교와 도서관이 많이 있어서 남아메리카의 아테네라 불리는 곳입니다. 또 콜롬비아는 지하자원이 많은 나라랍니다. 금, 에메랄드 및 안데스산맥을 중심으로 석탄까지요. 그리고 우리 인류의 생존에 꼭 필요한 소금 광산도 있어요. 우리나라는 대부분 바닷물을 증발시켜 소금을 생산하죠. 그런데 콜롬비아는 소금 광산에서 소금을 채굴한답니다. 그 이유는 과거 바다였던 곳이 육지가 되면서 지하에 소금이 묻혔기 때문입니다. 과거에 소금은 화폐 대용으로 사용될 정도로 귀했고, 스페인 식민시대 때 노예로 끌려온 이들이 소금 광산의 주요 노동자였답니다.

　과거 스페인의 식민 지배로 다른 인종에 대한 분노가 있을 거로 생각할 수 있지만, 콜롬비아에서는 매년 흑과 백의 카니발이라는 축제를 연답니다. 이 축제는 안데스산맥에 원래 살았던 원주민의 전통과 스페인 정복 이후의 전통이 합해진 축제로 검은색 분장을 하기도 하고 흰색 분장을 하기도 하며 서로 물을 뿌리며 모든 인종에 대한 존중과 평화를 표현한답니다. 이에 유네스코 무형문화유산으로 등록되었죠. 모든 인종을 통합하는 콜롬비아는 멋진 나라네요.

콜롬비아의 국기

콜롬비아 국기는 독립운동가 프란시스코 미란다가 처음 만들었다. 프란시스코 미란다는 남미의 독립영웅 시몬 볼리바르를 도와 남미의 독립을 위해 싸운 인물로 전해진다. 그는 프랑스혁명 때 탄생한 '인간과 시민의 권리선언'을 최초로 번역하며 인간이 기본적으로 누려야 하는 평등과 자유사상을 남미대륙에 알렸다. 이후 노랑, 파랑, 빨강 삼색기를 독립 후 새롭게 탄생하는 콜롬비아 국가의 국기 색으로 선택했고 줄무늬 비율은 2:1:1이다. 노란색은 금과 태양, 콜롬비아의 국민을, 파란색은 물과 바다를, 빨간색은 독립 투쟁에서 흘린 피를 의미한다.

남아메리카의 수도 ⑦

ㅇ ㅂ ㄴ

 **쿠바**

- 언어 – 에스파냐어
- 화폐단위 – 쿠바 페소(CUP, $MN)
- 면적 – 1,098만 8천ha(세계105위)
- 인구 – 1,119만 4,449명(세계85위)
- GDP – 1,074억 달러
  (세계76위)
- 종교 – 가톨릭 85%, 기타 등

쿠바의 위치

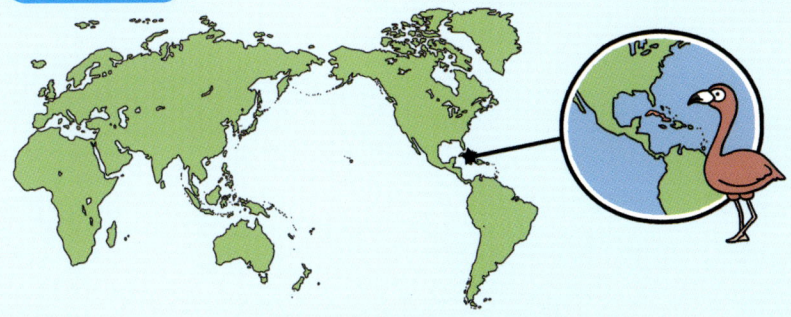

- 서경 74°~ 84°, 북위 19°~23°, 중앙 아메리카 카리브해상 서부에 위치

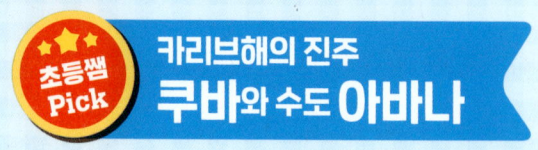

올라(Hola)~!

쿠바는 어떤 나라일까요? 쿠바는 카리브해에 위치한 섬으로 대서양과 카리브해가 맞닿은 곳에 있어 카리브해의 진주라고도 불린답니다. 쿠바는 공산당이 유일한 정당인 사회주의 체제입니다. 이에 국가에서 주도하는 계획 경제를 이루고 있죠. 하지만 함께 사회주의 국가였던 소련이 몰락하자 경제 상황이 어려워졌고 부분적으로 자본주의를 도입하고 있답니다. 사회주의 경제 속에 자본주의를 함께 추구하다 보니 이에 따라 수입의 불평등 등 여러 사회문제가 생기기도 하죠. 하지만 완전 무상 의료와 무상 교육을 자랑하며, 쿠바의 의료 기술도 매우 뛰어나 선진국 못지않습니다. 쿠바 사람들은 공동체 의식을 중요하게 생각한답니다. 그래서 친절한 나라로 유명하죠. 어려운 사람을 보면 도와주려고 하고 친절을 베풀고자 합니다. 또 다양한 인종이 함께 사는 다인종 국가이지만 많은 나라에서 일어나는 인종 차별이 거의 일어나지 않는 평등한 나라로 유명하답니다.

쿠바의 수도 아바나는 어떤 곳일까요? 쿠바의 가장 큰 도시로 카리브해의 경제와 정치면에서 주요한 도시 역할을 하고 있답니다. 과거 스페인의 식민 지배 때 쿠바의 값진 보물과 사탕수수 등을 수출하는 주요 항구였고, 이로부터 큰 성장을 하였죠. 하지만 앞서 말한 것처럼 사회주의 체제를 도입한 후 미국과의 단절로 인해 경제적 어려움을 겪었고 자본주의 체제를 도입하면서 쿠바의 관광업은 아바나에 집중되었습니다. 그 이유는 아바나에는 아름다운 볼거리가 많기 때문이죠. 해안가에 자리 잡고 있어 아름다운 바다와 아바나의 구시가지는 스페인의 건축 양식을 보존하고 있어 유네스코 세계문화유산으로 등록되었답니다.

쿠바의 국기

쿠바의 국기는 1902년 5월 20일에 제정되었으며, 1959년에 일어난 쿠바 혁명으로 사회주의 체제가 수립된 이후에도 계속 사용하고 있다. 다섯 개의 줄은 쿠바  를 둘러싸고 있는 바다를, 파란색 세 줄은 쿠바 독립 운동 당시에 쿠바에 세워져 있던 세 곳의 군관구를, 하얀색 두 줄은 순결과 애국심을 상징하며, 삼각형은 자유와 평등, 박애, 빨간색은 독립을 위해 흘린 피를, 하얀색 별은 독립을 의미한다.

남아메리카의 수도 8

ㄹ ㅁ

 **페루**

- 언어 – 에스파냐어, 케추아어, 아이마라어
- 화폐단위 – 페루 누에보 솔(PEN, S/.)
- 면적 – 1억 2,852만 2천ha(세계19위)
- 인구 – 3,435만 2,719명(세계45위)
- GDP – 2,232억 4,950만 달러 (세계49위)
- 종교 – 가톨릭 76%, 기타 등

페루의 위치

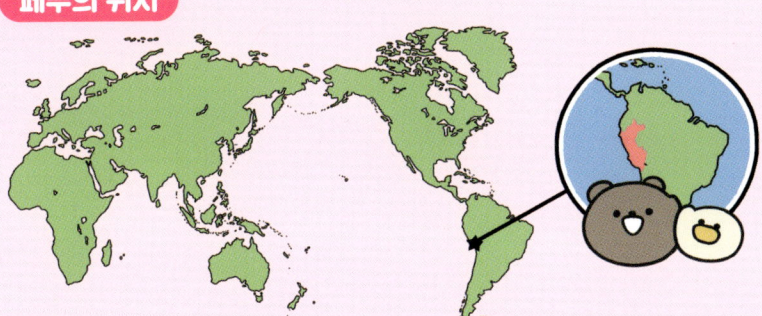

- 서경 70°~81°, 남위 0°~18°, 남아메리카 서부에 위치

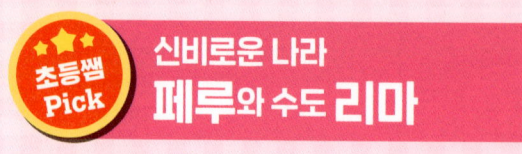

올라(Hola)~!

　페루는 어떤 나라일까요? 페루는 남아메리카에서 유일하게 고대 문화유산을 간직하고 있는 나라입니다. 바로 15세기 잉카 제국이 탄생한 곳이랍니다. 페루는 현재의 에콰도르 북부와 칠레 중부에 걸친 고대 잉카 제국의 중심지였죠. 잉카 제국은 화폐도 없고 수레바퀴를 사용하지 않았지만, 찬란한 문명과 문화의 꽃을 피운 곳입니다. 하지만 스페인의 식민 지배가 시작되면서 스페인은 잉카 제국을 점령하였고 잉카 제국은 몰락하고 말았죠. 이러한 잉카 문명을 지금까지 고스란히 간직하고 있는 곳이 바로 페루의 마추픽추랍니다. 공중도시라고 부르는 마추픽추는 유네스코 세계문화유산으로 지정되었으며 세계 7대 불가사의 중 하나이죠. 발견될 때까지 수풀에 갇힌 채 아무도 그 존재를 몰랐고, 산 아래쪽에서는 볼 수 없지만 해발 2,280m 위로 올라가면 보이는 공중도시입니다. 마추픽추를 통해 잉카 제국 당시의 종교, 정치, 건축 기술, 생활상을 살펴볼 수 있고, 과거 그들의 삶을 구체적으로 상상할 수 있답니다.

페루의 수도 리마는 해안가 절벽 위에 있는 도시입니다. 리마는 스페인이 세웠지만 도시를 건설하기 전부터 원주민 여러 부족의 문명이 있었던 곳이었죠. 우아까 뿌끄야나는 잉카 문명이 발생하기도 전인 200년~700년 사이에 세워졌습니다. 피라미드뿐 아니라 대규모 생활 거주 공간과 광장이 있는 곳이랍니다. 페루는 마추픽추부터 우아까 뿌끄야나까지 많은 고대 유적이 있는 나라라는 것을 알 수 있네요. 현재의 리마는 페루의 산업, 문화, 경제의 중심지로 많은 인구가 거주하고 있는 곳이고, 국내 기업뿐 아니라 다국적 기업의 본사가 있어 고용의 기회가 많은 곳이죠.

❁ 페루의 국기

빨간색과 흰색으로 이루어져 있으며, 빨간색이 한 번 더 중복된다. 빨간색은 독립과 싸움 때 희생된 사람들의 피를, 하얀색은 용맹함, 평화를 나타낸다. 대통령  기 등 관공서에서 사용되는 깃발에는 페루의 국장(문장)이 들어가 있으나 민간에서 사용하는 국기에는 국장이 생략되어 있다. 국장 주변에는 종려나무 가지와 월계수 가지들이 장식되어 있다. 종려나무 가지와 월계수 가지는 승리와 영광을 뜻한다.

5장
북아메리카 및 오세아니아의 수도

북아메리카 및 오세아니아의 수도 ①

ㅇㅅㅌ D.C.

 **미국**

- 언어 – 영어
- 화폐단위 – 미국 달러(USD, $)
- 면적 – 9억 8,315만 1천ha(세계3위)
- 인구 – 3억 3,999만 6,563명(세계3위)
- GDP – 22조 9,961억 달러 (세계1위)
- 종교 – 개신교 46.5%, 가톨릭 20.8%, 몰몬교 1.6%, 기타 등

미국의 위치

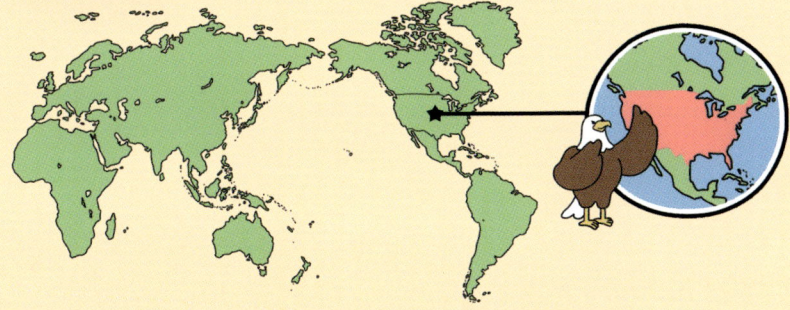

- 서경 67°~125°, 북위 24°~48°, 북아메리카 북대서양과 북태평양 연안에 위치

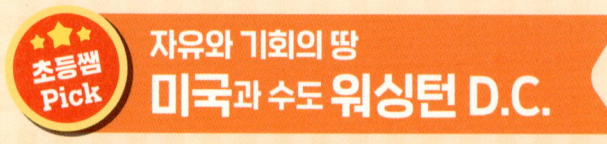

헬로우(Hello)~!

미국은 세계의 정치, 경제, 문화를 선도하는 나라이고, 많은 영향을 주는 나라입니다. 세계에서 가장 많은 이민자가 들어오는 다문화 국가이고, 전 세계 최대 규모의 경제력을 보유하고 있죠. 하지만 처음부터 세계 강국은 아니었답니다. 과거 아메리카 원주민들이 살고 있었을 때 영국이 식민 지배했고, 많은 영국인이 미국으로 이주하였습니다. 그리고 영국과 독립 전쟁을 거치며 영국의 식민지 중 최초로 독립을 쟁취했죠. 그때부터 제2차 세계대전과 소련과의 냉전 종결을 끝으로 미국은 세계 초강대국이 되었어요. 우리가 미국 하면 떠오르는 자유의 여신상 역시 이러한 역사적 배경과 관련이 있답니다. 1776년 미국이 영국 식민 지배에서 독립할 때 프랑스는 미국의 독립을 지원했습니다. 이후 미국의 독립 100주년을 기념해 프랑스 정부가 미국에게 준 선물이 바로 자유의 여신상이랍니다. 프랑스의 랜드마크 에펠탑의 설계자 에펠이 설계를 맡았죠. 자유의 여신상 머리에는 일곱 개 대륙을 상징하는 뿔이 달린 왕관이 있답니다. 오른손에는 세계를 비추는 자유의 빛을 상징하는 횃불을, 왼손에는 독립선언서를 들고 있죠. 이는 모든 대륙의 자유와 민주주의, 그리고 인권을 의미한답니다.

　미국의 수도 워싱턴 D.C.의 정식 명칭은 워싱턴 컬럼비아 특별구(Washington District of Columbia)입니다. 우선 미국을 이루고 있는 제일 높은 행정구역을 주(state)라고 합니다. 각 주는 입법부, 행정부, 사법부로 나뉘어 고유의 권한을 가지고 있고, 미국 정부와 주 정부는 균형을 이루고 있어요. 미국의 수도 워싱턴 D.C.는 미국 어느 주에도 속하지 않는 독립 행정 구역입니다. 그 이유는 각 주는 그 자체로 독립된 국가의 기능을 어느 정도 수행하고 있기 때문에 수도가 주 안으로 들어간다면 균형에 문제가 생길 수 있기 때문이죠.

✿ 미국의 국기

미국의 국기는 성조기라고 부른다. 13개의 붉고 흰 색이 번갈아 가며 가로로 그어진 바탕에 왼쪽 위편에 그려진 사각형 안 50개의 흰 색의 별로 구성되어 있다.
13개의 붉고 흰 줄은 미국의 초기 연방국에 가입한 연방주를 뜻하고, 50개의 별은 오늘날 미국의 총 연방주의 수를 뜻한다.

북아메리카 및 오세아니아의 수도 ②

ㅇㅌㅇ

캐나다

- **언어** – 프랑스어, 영어
- **화폐단위** – 캐나다 달러(CAD, C$)
- **면적** – 9억 8,797만 5천ha(세계2위)
- **인구** – 3,878만 1,291명(세계38위)
- **GDP** – 1조 9,907억 6,161만 달러 (세계9위)
- **종교** – 가톨릭 43.6%, 개신교 29.2% 등

캐나다의 위치

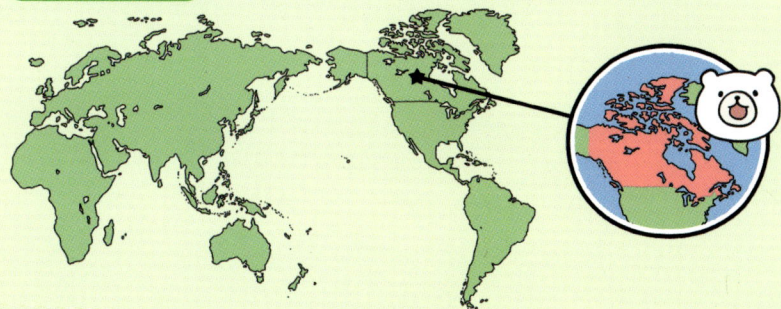

- 서경 52°~130°, 북위 42°~83°, 북아메리카 북쪽에 위치

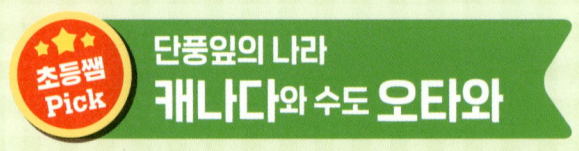

헬로우(Hello), 봉주르(Bonjour)~!

캐나다 인사말은 영어와 프랑스어가 함께 있죠? 캐나다는 영어와 프랑스어 모두 공용어로 사용하고 있답니다. 그 이유는 캐나다 인구의 25%가 프랑스어를 쓰고 있기 때문이에요. 특히 퀘벡주에서 말이죠. 퀘벡주는 프랑스계 주민들이 많이 살고 있는 곳이랍니다. 팬케이크를 먹을 때 뿌리는 메이플 시럽을 알고 있나요? 전 세계 메이플 시럽의 70%가 바로 이 캐나다 퀘벡주에서 나온답니다. 메이플 시럽은 단풍나무의 수액을 추출해 끓여서 만든 천연 감미료입니다. 즉 퀘벡주에는 단풍나무가 많다는 뜻이죠. 이곳 퀘벡주는 세계적인 단풍 여행지랍니다. 단풍잎은 캐나다와 뗄 수 없는 존재로 국기에도 단풍잎이 그려져 있답니다. 또 캐나다를 떠올리면 빼놓을 수 없는 나이아가라 폭포죠. 캐나다의 나이아가라 폭포는 세계 3대 폭포 중 하나로 경이로운 자연 경관을 자랑하는 곳이에요. 나이아가라 폭포의 물이 떨어지는 힘이 굉장히 세기 때문에 수력 발전에 사용하고, 또 많은 관광객이 이 자연 경관을 감상하기 위해 찾고 있습니다.

캐나다의 수도 오타와는 어떤 곳일까요? 오타와의 이름은 오타와강에서 유래되었답니다. 오타와강은 모피, 목재, 광물 등 여러 자원의 수송에 유용하게 사용되었고, 도시 성장에 큰 역할을 하였죠. 오타와에는 정부의 주요 조직 및 기관이 있는 정치 중심지이자 교육 수준이 굉장히 높은 곳이랍니다. 또 매년 겨울에는 오타와에서는 윈터루드 축제가 열린답니다. 윈터루드 축제에서는 오타와 중심에 있는 리도 운하가 아이스 스케이트장으로 바뀌고 공원은 눈으로 만든 거대한 놀이터로 변하죠. 생각만 해도 재밌을 것 같지 않나요? 얼음 조각 대회부터 스케이트 경주까지 매력적인 행사가 많기 때문에 많은 관광객이 찾는 곳이랍니다.

✿ 캐나다의 국기

캐나다의 국기는 단풍잎기(The Maple Leaf) 또는 하나의 잎(l'Unifolié 뤼니폴리에)라고 부른다. 빨강 바탕에 가운데 흰색 정사각형이 있고 여기에 붉은 단풍잎이 그려져 있다. 양옆에 있는 빨강은 태평양과 대서양을, 중앙에 있는 단풍잎은 캐나다의 상징인 단풍나무로 캐나다가 태평양과 대서양 사이에 있음을 알리고 있다.

북아메리카 및 오세아니아의 수도 ③

ㅁㅅㅋㅅㅌ

 멕시코

- 언어 – 에스파냐어
- 화폐단위 – 멕시코 페소(MXN, Mex$)
- 면적 – 1억 9,643만 7,500ha(세계13위)
- 인구 – 1억 2,845만 5,567명(세계10위)
- GDP – 1조 2,930억 3,787만 달러 (세계15위)
- 종교 – 가톨릭 89%, 기독교 6%, 기타 5%

멕시코의 위치

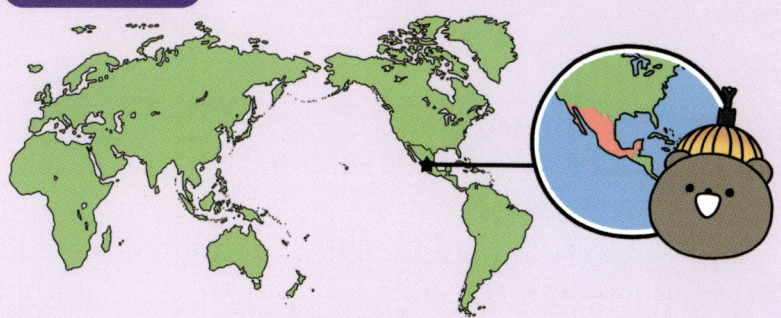

- 서경 86°~118°, 북위 19°~24°, 북아메리카 남서쪽에 위치

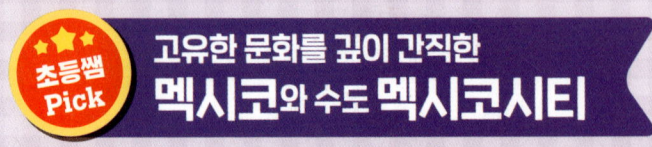

올라(Hola)~!

 멕시코는 어떤 나라일까요? 멕시코는 북아메리카 남부에 위치한 나라입니다. 미국 남부와 멕시코 모두 여행을 가보면 분위기가 굉장히 비슷하다는 것을 느낄 수 있답니다. 과거 멕시코 땅은 지금보다 더 북서쪽으로 올라간 형태였으나 미국과의 전쟁에서 영토의 일부를 빼앗겨 지금의 멕시코 국경선이 되었어요. 그래서 미국 남부와 멕시코가 문화적으로 비슷한 것이죠. 그리고 원주민 인디언들의 오랜 관습과 스페인 식민 시절 때의 식문화가 합쳐져 멕시코만의 식문화가 완성되었습니다. 멕시코 전통 요리는 지금도 전 세계적으로 유명하며 많은 사람에게 사랑을 받고 있답니다. 비옥한 땅에서 지은 옥수수, 토마토, 버섯 등 많은 야채를 채워 넣은 타코부터 아보카도를 으깨 만든 과카몰레까지 말이죠. 멕시코에는 원주민 축제, 죽은 자의 날이 있습니다. 이는 애니메이션 <코코>의 배경이 되었죠. 죽은 친구와 사랑하는 사람들이 잠시나마 현생으로 돌아오는 것을 기리는 행사로 앞서 말한 전통 요리들을 제물로 올리며 현재까지도 그들만의 고유한 문화적 특징을 잘 보존하고 있답니다.

멕시코의 수도 멕시코시티는 어떤 곳일까요? 멕시코시티는 아메리카 지역에서 인구가 가장 밀집된 지역입니다. 그런데 이곳이 한라산보다 높은 곳에 있다는 것이 믿어지나요? 멕시코시티는 해발고도 2,200m에 위치한 도시로 한라산보다 높은 고지에 약 1천만 명이 살고 있는 것이랍니다. 계곡과 산으로 둘러싸인 이곳은 고원이지만 사람이 살기에 좋은 환경을 갖추고 있어 앞서 말한 여러 문명이 이곳에서 시작되었죠. 이처럼 멕시코시티에는 개성 있는 현대 건물과 역사가 깊은 옛 건물이 공존하고 있답니다.

멕시코의 국기

초록색, 하얀색, 빨간색 세로 줄무늬 가운데에는 멕시코의 국장이 그려져 있다. 국기의 색상 중에서 초록색은 독립과 대지 등을, 하얀색은 순결과 통일 등을, 빨간색은 백인·인디오·메스티소 등의 인종의 통합과 국가 독립을 위해 바친 희생 등을 상징한다. 뱀을 물고 선인장 위에 앉아 있는 독수리 모양의 국장은 아스텍의 테노치티틀란 전설에서 유래되었다.

북아메리카 및 오세아니아의 수도 ④

ㄴ ㅋ

 그린란드

- **언어** – 그린란드어
- **화폐단위** – 크로네(DKK, kr)
- **면적** – 216만 6,086ha(세계12위)
- **인구** – 5만7천 명(세계210위)
- **GDP** – 11억 달러 달러 (세계175위)
- **종교** – 덴마크 국민교회 99%

그린란드의 위치

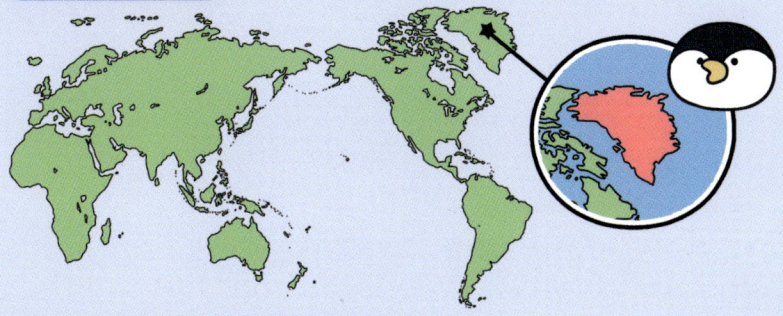

- 서경 51°~64°, 북위 59°~83°, 북극권 아래에 위치

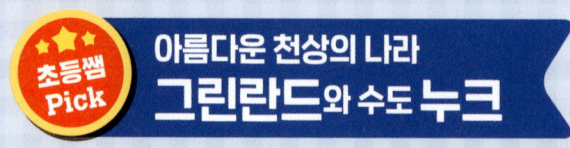

알루(aluu)~!

북아메리카에 있는 섬으로 그린란드는 국토의 85%가 빙하로 덮여 있고 이 때문에 한여름에도 언제나 서늘하답니다. 이곳은 과거 4500년 전 이누이트족이 정착하여 살고 있었던 곳이었죠. 이글루를 지어 몸을 녹이고 개 썰매를 몰며 순록과 고래를 사냥했어요. 그러다 항해자 바이킹이 이 섬을 발견하게 되었습니다. 이들은 이곳을 바이킹의 새 정착지로 정하기 위해 아이슬란드에 가서 '그린란드'라는 이름을 지어 함께 갈 사람을 구했죠. 바이킹은 왜 얼음밖에 없는 척박한 땅을 그린란드라고 지었을까요? 여러 가설이 있는데 그 당시에는 지구의 온도가 따뜻하여 일부 지역에 풀이 많았고 이를 보고 초록색의 땅 그린란드라고 이름을 지었다는 첫 번째 가설과, 많은 사람을 모집하여 함께 가기 위해 실제 모습과는 다르게 그린란드라고 지었다는 두 번째 가설이 있죠. 천 명 정도가 그린란드로 향했고 이 사람들은 그린란드에서 정착 생활을 시작하였답니다. 그리고 몇 년 후 바이킹은 그린란드를 떠났고 이후 덴마크가 그린란드를 자신들의 영토로 삼아버렸죠. 지금도 그린란드는 덴마크에 속해있지만, 대부분 자치권을 획득하며 독립국으로 성장하고 있답니다.

  그린란드의 수도 누크는 그린란드의 최대 도시이며 약 1만 8천 명 정도가 살고 있는 곳입니다. 이곳에서는 밤마다 황홀한 천상의 커튼이라고도 불리는 오로라를 관측할 수 있답니다. 모든 나라에서 일어나지 않고 그린란드와 같은 지구의 북극권, 남극권 지역에서 관측할 수 있는 현상이죠. 오로라는 태양에서 나오는 플라즈마 일부가 지구 자기장에 이끌려 극지방으로 들어오면서 지구의 방어막인 공기와 반응하며 빛을 내는 현상이에요. 우리나라에서는 볼 수 없는 여러 자연 경관을 볼 수 있는 아름다운 나라 그린란드와 수도 누크였습니다.

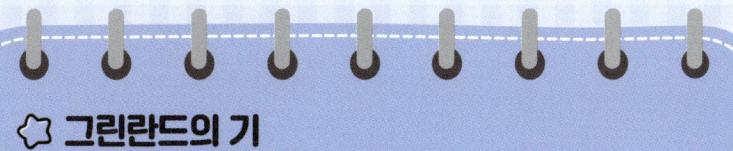

✿ 그린란드의 기

그린란드의 기는 하얀색과 빨간색 두 가지 색의 가로 줄무늬 바탕에 깃대 쪽으로 가로 줄무늬와 색 배치가 반대인 원이 그려져 있다. 하얀색 줄무늬는 그린란드의 80%를 둘러싸고 있는 만년설과 빙하를, 빨간색 줄무늬는 바다를 의미하며, 빨간색 반원은 태양을, 하얀색 반원은 빙산을 의미한다.

북아메리카 및 오세아니아의 수도 5

ㅇ ㄹ ㅌ

 뉴질랜드

- **언어** - 영어, 마오리어
- **화폐단위** - 뉴질랜드 달러(NZD, $)
- **면적** - 2,677만 1천ha(세계74위)
- **인구** - 522만 8,100명(세계122위)
- **GDP** - 2,499억 9,151만 달러 (세계47위)
- **종교** - 개신교 35%, 가톨릭 13% 기타

뉴질랜드의 위치

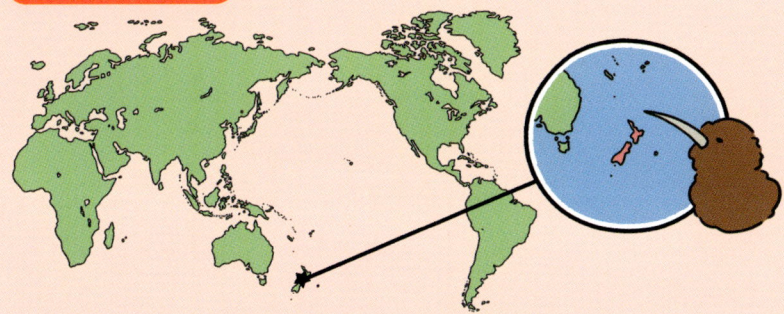

- 동경 165°~서경 176°, 남위 34°~52°, 오세아니아 남동쪽에 위치

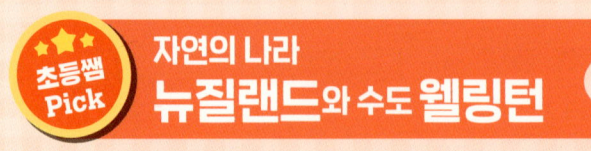

헬로 메이트(Hello mate)~!

　뉴질랜드는 양과 키위가 살고 있는 자연의 나라에요. 뉴질랜드의 주요 산업은 목축업으로 양과 소를 키우는 목장들이 정말 많죠. 뉴질랜드의 전체 수출의 55%가 양털과 육류, 유제품이라니 정말 어마어마하죠? 뉴질랜드를 여행하다 보면 소와 양들이 지나가느라 도로를 막고 있는 모습을 종종 볼 수 있어요. 초원이 넓고 자연이 잘 보존되어 있어 목축업이 발달하기에 최적의 환경이죠. 뉴질랜드 키위에 관해서 알고 있나요? 뉴질랜드에는 세 가지 키위가 있습니다. 첫 번째는 여러분도 잘 알고 있는 과일 키위, 두 번째는 날지 못하는 뉴질랜드의 토종 새 키위, 마지막은 뉴질랜드 사람들을 부르는 말, 키위입니다. 외국 여행할 때 '넌 어느 나라 사람이야?'라고 물으면 '나는 키위야'라고 말하는 사람들이 있어요. 그럴 때 '왜 자기를 과일이라고 하지? 내 말을 잘못 알아들은 건가?'하고 생각할 수 있는데요. 그런데 그건 뉴질랜드 사람들은 귀엽고 온순한 키위새를 정말 좋아해서 스스로를 소개할 때 '뉴질랜드 사람이야' 대신에 '나는 키위야'라고 소개하는 재밌는 문화가 있다고 합니다. 실제로도 키위(새)는 뉴질랜드의 대표 새이자 상징이랍니다.

  뉴질랜드는 크게 남섬과 북섬으로 나뉘어져 있어요. 북섬에는 사람들이 가장 많이 사는 도시인 오클랜드와 뉴질랜드의 수도인 웰링턴이 있습니다. 오클랜드는 북쪽에 있는 항구 도시로 뉴질랜드 경제, 교육의 중심지죠. 오클랜드에 이어 두 번째로 큰 도시이자 수도인 웰링턴은 북섬의 제일 남쪽에 위치해 있어 남섬과 북섬을 이어주는 예쁜 항구 도시입니다. 바람이 많이 불고 예쁜 야경으로 유명하며 정치 행정의 중심지랍니다.

뉴질랜드의 국기

진한 파랑 바탕의 왼쪽 위에 있는 유니언 잭은 뉴질랜드가 영국 연방의 일원임을 상징한다. 흰색 테두리를 두른 빨간색 오각별 4개  는 남십자성이며, 남색 바탕은 남태평양을 의미하고 별들의 위치는 남태평양에서의 이 나라 위치를 나타낸다. 전반적으로 오스트레일리아의 국기와 비슷하다.

북아메리카 및 오세아니아의 수도 ⑥

ㅋ ㅂ ㄹ

 **호주**

- **언어** – 영어
- **화폐단위** – 오스트레일리아 달러(AUD)
- **면적** – 7억 7,412만 2천ha(세계6위)
- **인구** – 2,643만 9,111명(세계55위)
- **GDP** – 1조 5,426억 5,990만 달러 (세계13위)
- **종교** – 기독교 67%, 무종교 26%, 기타 7%

호주의 위치

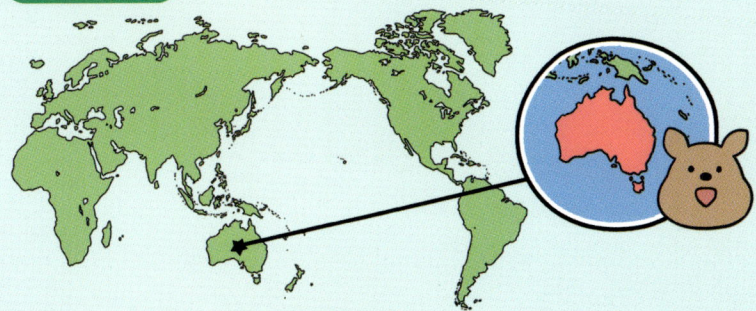

- 동경 134°~153°, 남위 10°~43°, 오세아니아에 위치

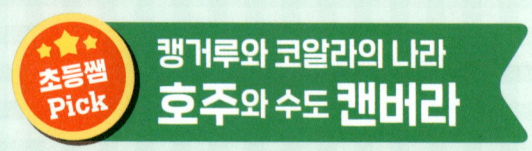

헬로우(Hello)~!

　호주는 오스트레일리아 대륙과 섬으로 이루어진 세계에서 여섯 번째로 큰 나라입니다. 원주민이 있었으나 영국의 식민 지배를 받으며 수많은 영국인이 건너온 이후 영어를 사용하죠. 인구는 약 2,500만 명으로 한국 인구의 절반 정도가 살고 있어요. 위에서 말했듯이 호주 땅은 굉장히 넓지만, 사막이 많아 대부분의 사람이 바닷가 도시에 모여 살고 있답니다. 호주에서 가장 크고 유명한 도시는 바로 시드니입니다. 그래서인지 시드니를 수도로 아는 사람들이 많아요. 시드니에는 매우 유명한 건축물이 있습니다. 하얀 조개껍데기를 모아 만든 것 같은 건물을 본 적 있나요? 그곳이 바로 시드니에 있는 오페라 하우스입니다. 오페라 하우스에서는 각종 다양한 문화 공연이 열린다고 해요.

　그런데 호주의 진짜 수도는 좀 생소할 수 있는 캔버라입니다. 시드니의 남서쪽에 있는 캔버라는 공원이 많고 도시를 지을 때 자연 경관을 그대로 살려 '숲의 도시'라는 별명을 가지고 있습니다. 이렇게 수도를 자연 친화적으로 만들 만큼 호주는 신기한 자연환경들이 있어요. 호주 중심부에는 지구의 배꼽이라고 불리는 '울룰루'라는 거대한 바위가 있고, 바다에는 산호초 지대인 '그레이트 배리어 리프'가 있답니다. 또 호주에는 특이한 동물들도 많아요. 새끼를 배 주머니에 넣어 키우는 캥거루, 부리는 오리인데 몸은 수달 같고 꼬리는 비버처럼 뭉툭한 오리너구리, 해맑게 웃는 귀여운 쿼카, 독이 있는 유칼립투스 잎을 먹고 사는 코알라 등 정말 다양한 생물들이 많이 살고 있죠. 특히 캥거루는 호주의 대표 동물인데 귀여운 이미지와 달리 다 자란 캥거루는 사람을 공격해 큰 상처를 입힐 수도 있다고 하니 함부로 다가가면 안 되겠죠?

호주의 국기

파란색 바탕 왼쪽 상단에 붙어 있는 유니언 잭은 뉴질랜드와 마찬가지로 호주가 영국 연방의 일원임을 의미한다. 유니언 잭 아래
쪽에 그려진 커다란 하얀색 칠각별은 연방의 별(Commonwealth Star)이라고 부르는데 호주를 구성하는 주와 준주를 의미한다. 국기 오른쪽에 그려져 있는 다섯 개의 크고 작은 하얀색 별들(4개의 칠각별, 1개의 오각별)은 남십자자리를 표시한다.

현직 초등 교사 직접 집필!

교과연계와 어린이 눈높이 연결 초성 퀴즈로 여러 상식을 놀이처럼 익히자!

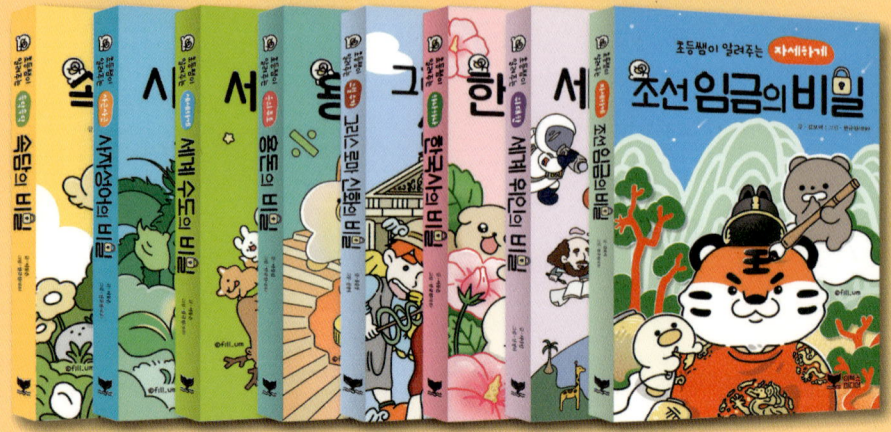

글 이동은, 이상진, 유준상, 이다인, 김보미 | 그림 한규원(필움), 신정아 | 184쪽 | 각 권 13,500원 ~ 14,500원

귀여운 캐릭터가 재미있게 이야기를 이끄는
초등쌤이 알려주는 비밀 시리즈!